KERSTIN SCHAUM

Du bist jetzt ein Stern

Selbstfindung in der Trauer

ISBN 978-3-7900-0598-1

Fotos und Texte: Kerstin Schaum / pixabay
Layout: Peter Link
Gesamtherstellung: Rindt-Druck, Fulda

KERSTIN SCHAUM

Du bist jetzt ein Stern

Selbstfindung in der Trauer

EIN
WEGWEISER
IN DER
TRAUERBEWÄLTIGUNG

Wenn du bei Nacht den Himmel anschaust,
wird es dir sein, als lachten alle Sterne,
weil ich auf einem von ihnen wohne,
weil ich auf einem von ihnen lache.
Du allein wirst Sterne haben, die lachen können!

(aus „der Kleine Prinz", Antonine de Saint-Exupéry)

Wenn du möchtest, gebe dem Stern einen Namen:

Platz für Fotos/Bilder, die dir wertvoll sind

Inhaltsverzeichnis

Vorwort 9

KAPITEL 1

Trauer hat viele Gesichter 11
Was ist Trauer? 11
Der Trauerprozess 14
Die Phasen der Trauer verstehen. 15
Seelische und körperliche Auswirkungen der Trauer 18
Die Zeiten der Trauer 21

KAPITEL 2

Denkanstöße und Hilfestellungen auf dem Trauerweg 23
Welcher Weg ist für mich geeignet –
was mache ich mit meiner Zeit? 26
In Erinnerung schwelgen 27
Die Trauer in Fluss bringen und
die Trauer bewusst wieder verlassen 28
Sich etwas Gutes tun. 28
Musik und Singen in der Trauer 30
Der Trauer einen Ort geben. 31
Ablenkung von der Trauer 31
Gedankenstopp – Ausstieg aus dem Gedankenkarussell 31
Lächeln entspannt 32
Schreibe darüber, was dich bewegt 33
Trauer auch körperlich ausdrücken 36
Der Trauer eine Gestalt geben 37
Mein Mandala 38
Alternative Heilmethoden in der Trauer – Phytotherapie. 39
Gärtnern als Trauerarbeit 40
Rituale – Halt und Stärke in der schweren Zeit 43
Mit Mut vorangehen 43
Trauer ist... 45

Mein Sternenkind 46
Träume in der Trauer 47
Trauer in der Bibel. 52
Die Emmausjünger (Lukas 24, 13-35) –
von der Trauer zurück ins Leben 54
Segen der Trauernden 59
Der Sonnengesang des heiligen Franziskus 60
Jeder Mensch hat seinen Schutzengel 63
Ich vermisse dich – der Schmerz ist so groß – was kann ich tun? . . . 64
Es gibt keine Schuld – Schritt für Schritt zur Heilung. 66

KAPITEL 3

Selbstfindung in der Trauer. 67
Zufriedenheit. 72
In der Trauerbewältigung Hilfe in Anspruch nehmen. 74
Wie Angehörige Trauernde unterstützend helfen können 75

KAPITEL 4

Wenn Trauer Liebe ist 78
Gibt es ein Leben nach dem Tod? 78
Das Leben und der Tod haben einen Sinn 79
Was geschieht, wenn wir sterben?. 82
Das Leben anschauen und annehmen 83
Vergeben 85
Abschiede bewusst erleben – aus der Praxis 86

KAPITEL 5

Kurzgeschichten in der Trauer. 90
Über die Liebe. 90
Der Brückenbauer 91
Ein schwedisches Waldmärchen. 92
Das perfekte Herz. 95
Die Geburt des Schmetterlings. 97
Zwei Bäume im Park 99

Von den Wasserkäfern und der Libelle 102
Für immer? 105
Auf der Durchreise 109

KAPITEL 6

Verse und Bilder, die begleiten 110
Ein Engel auf der Reise 110
Entscheidung 112
Traurigkeit 113
Ozean 114
Aus ganzer Seele 115
Zuhause 116
Ich bin 117
Was bleibt 119
Seelenvogel 120
Zwei Seiten 121
Zusammenspiel 121
Wo kann ich mich festhalten? 122
Himmel und Erde 123
Zeit 123
Zug des Lebens 124
Loslassen 124
Zart und kostbar 125
Ein Teil von dir 125
Freude 126
Hilfreiche Gedanken 127
Mondnacht 128
Schlussstück 129

KAPITEL 7

Du schaffst das! 130
Platz für deine Trauer-Notizen 130

Vorwort

Du trauerst! Du möchtest deine Trauer ansehen und in dein Leben integrieren. Und du hast Interesse an dir SELBST!
Ich begleite dich und gehe den Weg mit dir:

Wir werden geboren, um zu sterben, aber den Tod unserer Liebsten zu verkraften, gehört zu den schwierigsten Aufgaben in unserem Leben.

Wenn man wahrhaftig geliebt hat, scheint kein Trost der Welt angemessen zu sein. Trauer ist ein Prozess und braucht Zeit und Geduld mit sich selbst. Erst dann kann aus Trauer eine dankbare Erinnerung wachsen.

Wer durch das Tal der tiefen Trauer gegangen ist, weiß: Der unendliche Schmerz scheint unsere Seele aufzulösen, und an manchen Tagen ist es schwer weiterzugehen. Wir wollen bei unserem geliebten „Stern" sein und unser Leben mit ihm teilen.

In gewohnter Weise geht das nicht (mehr). Das weiß unser Verstand, aber unser Herz will diese Tatsache nicht annehmen. Es ist auf der Suche, will Antworten und fragt nach dem „Warum".
Wenn wir Abschied nehmen, trauern wir. Trauer ist die Antwort des Herzens auf jeden Verlust. Abschied und Trauer bedeuten oft, den Boden unter den Füßen zu verlieren. Wir befinden uns im Prozess des Loslassens.

Wir können bei der Verarbeitung viel über den Tod und das Leben lernen. Oft ist ein Verlust der Beginn, sein eigenes Leben wirklich wahrzunehmen und selbst zu leben. Offene Lebensfragen können sich mit eigenen Antworten in der Stille schließen. Das Leben hat viel von dir abverlangt; du hast deine Geschichte, die gleichzeitig dein Schicksal ist. Ein Schicksal, das dich vielleicht an deine Grenzen gebracht hat und bringt, sodass du manchmal nicht weißt, wie es weitergehen kann. Aber es geht weiter – es geht immer weiter und manchmal können wir auch „das Wozu" später erkennen, das uns zu einem tieferen Bewusstsein führt.

Erst wenn wir begreifen, dass uns die Geborgenheit, die Nähe und vor allem die Liebe niemals verloren gehen kann, sind wir auch bereit, zu akzeptieren.

Wir dürfen unser Leben nun so gestalten, wie wir es für richtig und wichtig halten. Und es darf Heilung geschehen. Diese Heilung ist so wichtig, damit wir ein Leben in Freude und Geborgenheit führen können.

Dieses Buch möchte dich begleiten in deinem ganz individuellen Tempo. Wenn dir danach ist, lese ein paar Zeilen in dem Büchlein – vielleicht nur einen Vers oder eine Kurzgeschichte – oder lasse es einfach (vielleicht an einem bestimmten Platz) liegen. Nichts muss sein oder ist eilig – DU bist wichtig!
Es wird sicherlich Kapitel in dem Buch geben, die dich (noch) nicht ansprechen, dann lass diese erst einmal außen vor. Suche dir Themen, die dich gerade berühren und die jetzt für dich „an der Reihe" sind.

Dieses Buch ist kein dicker Ratgeber. Vielmehr ist es dein kleiner, leichter und unterstützender Begleiter, der dich versteht und dir Frieden und Ruhe in dir selbst schenken möchte.
Das Buch basiert auf eigenen Erfahrungen und Wegen, die für mich hilfreich, heilsam und wichtig waren – alle zur richtigen Zeit. Unsere Aufgabe ist es, unsere Trauer in unser Leben zu integrieren. Wir sind in der Lage aufzustehen und weiterzugehen. In uns ist so viel Kraft.
Diese Kraft wünsche ich dir auf deinem Weg von Herzen!

Deine
Kerstin Schaum

– KAPITEL 1 –

Trauer hat viele Gesichter

Was ist Tauer?

Trauer ist die Ohnmacht der Seele, das Unfassbare fassbar werden zu lassen. Sie ist die gesunde Reaktion auf Verluste, die wir durchleben müssen; ein Heilungsprozess, der nicht unterdrückt, sondern von uns unterstützt werden sollte.

Doch welchen Sinn hat Trauer? Sie ist notwendig, damit Abschied, Ablösung und Trennung vollzogen werden können,

um trotz des Verlustes weiterleben zu können. Die Gefühle eines Trauernden haben zwei Gesichter: Selbstmitleid – Was und warum wurde mir das angetan? Und Liebe – Ich trauere um jemanden, den ich wirklich liebe.

Trauer ist ein Reifungsprozess, vom Selbstmitleid weg hin zu Liebe. Trauerbearbeitung heißt: Den Schmerz fühlen und auszudrücken, was mich erdrückt. Tränen sind gesund - wir sind im Fluss.

Jeder Trauernde hat das Recht, seinen eigenen Trauerweg zu gehen, daher ist Trauer nicht zu bewerten oder zu beurteilen. Du hast das Recht auf deine Trauer. Es gibt kein Richtig oder Falsch!

Da tat es mir wohl, vor dir zu weinen,
um sie und für sie, um mich und für mich,
ich ließ den Tränen,
die ich zurückgehalten, freien Lauf.
Mochten sie fließen, so viel sie wollten.
Ich bettete mein Herz hinein
und fand Ruhe in ihnen.

Augustinus von Hippo

Ich bin untröstlich!

Leere

Der Trauerprozess

Eine große Hürde bei der Trauerbewältigung ist die Unkenntnis, wie Trauer erlebt wird. Daraus ergeben sich für Außenstehende Ängste, wie sie sich gegenüber uns Trauernden verhalten sollen.

Jeder Mensch durchlebt seine eigene Trauer, die niemals vorbestimmbar ist. Unser Verstand und unsere Gefühle können dieses Ereignis kurzfristig nicht begreifen. Jeder Trauernde benötigt Zeit für seine Verarbeitung und darf die Dinge tun, die ihm dabei helfen.

Es ist wichtig, dass wir von anderen unterstützt werden und sie für uns da sind. Ein trauernder Mensch braucht Mut. Für die Trauerbewältigung gibt es ein grobes Raster von fünf Trauerphasen. Diese zu kennen, ist von Vorteil, um Reaktionen besser zu verstehen.

Menschen, die bereits Trauer erfahren haben, können sich leichter in die Lage Trauernder hineinversetzen. Sie besitzen die Sensibilität, wenn sie sich an ihre eigenen Trauergefühle erinnern. Tod und Trauer können nie vollständig intellektuell erfasst werden, sondern müssen immer wieder neu erlebt werden.

Die Phasen der Trauer verstehen

Trauerarbeit ist ein Weg, den Verlust und die Liebe zu dem Verstorbenen zu integrieren.

Trauerphasen sind ein kleines Hilfsmittel für ein besseres Verständnis von trauernden Menschen:

Unsere Gefühle fahren in unserer Trauer Achterbahn und wir können uns oft selbst nicht verstehen. Wir durchlaufen verschiedene Trauerphasen.

Phase 1: Nicht-Wahrhaben-Wollen. Gefühle werden dosiert, es wird nur so viel in unsere emotionale Welt hineingelassen, wie wir verkraften können. Oftmals wird der Tod sogar verleugnet. Man denkt, dass der Verstorbene gleich zur Tür hereinspaziert kommt oder hört vielleicht seine Stimme. Trauernde sprechen in dieser Phase oft noch so, als wäre der Mensch noch am Leben. Erst langsam wird bewusst, was passiert ist. Dies ist ein Schutzmechanismus für unsere Seele.

Phase 2: Starke Emotionen. Jetzt lassen wir die Gefühle, die isoliert wurden, zu. Vor allem Verzweiflung und Zorn sind vorherrschend. Zorn ist eine natürliche Reaktion auf die Ungerechtigkeit des Verlustes, für die wir uns nicht schämen müssen. Auch Schmerz und Sehnsucht werden häufig wahrgenommen.

Phase 3: Verhandeln – Auseinandersetzung mit dem Verstorbenen. Wir verharren in der Vergangenheit und haben oft Schuldgefühle.
Es werden oft Orte aufgesucht, wo man mit dem Menschen war. Man erinnert sich an gemeinsame Erlebnisse oder führt innere Gespräche mit dem Verstorbenen.
Das Verhandeln versucht oft Ordnung ins Gefühlschaos zu bringen, um den Schmerz fernzuhalten.

Phase 4: Depression. Wir nehmen unser Leben – eingenebelt durch die Traurigkeit – lustlos wahr. Durch die Abschaltung des Nervensystems können wir uns auf etwas einstellen, das jetzt noch zu schwer für uns ist.

Phase 5: Zustimmung – Start ins neue Leben. Obwohl die Erinnerung an den Verstorbenen präsent bleibt, beginnt man, den Tod zu akzeptieren und inneren Frieden zu finden. Wir nehmen die Situation an und erkennen, dass die Vergangenheit nicht festgehalten werden kann. Zustimmung bedeutet nicht gutheißen. Wir gehen aber weiter und kommen wieder im Leben an.

Einzelne Phasen können sich wiederholen. Es kommt immer auf den Trauernden und den Verlust an.

Emotionen gehören dazu und sollten herausgelassen werden. Es gibt alles von Wut, Scham, Aggression, Versteinerung bis hin zu Schuldgefühlen und Schuldzuweisungen. Lass deine Gefühle zu!

*Der Tod ist die Grenze des Lebens,
aber nicht der Liebe*

Seelische und körperliche Auswirkungen der Trauer

Der Tod eines nahen Menschen verändert das Leben von einer auf die andere Stunde. Wir müssen nicht nur Organisatorisches bewältigen und mit einer veränderten Alltagssituation zurechtkommen, sondern auch unser Körper, unser Fühlen und unser Denken – unser ganzes Wesen – kann sich verändern. Oft fragt man sich, ob das normal ist und wir wollen wieder „wie vorher" funktionieren, setzen uns unter Druck und wollen uns die Auswirkungen der Trauer nicht zugestehen.

Jeder Mensch erlebt Trauer anders. Sie ist ein gesunder Vorgang. Und es ist sehr wichtig, dieses Gefühl auch zuzulassen, was mit seelischen und körperlichen Symptomen einhergehen kann.

Die folgenden möglichen Merkmale wollen deutlich machen, was auf dem Weg der Trauer geschehen kann, nicht geschehen muss, denn jeder erlebt die Trauer anders:

Seelische Symptome wie: Schlafstörungen, Müdigkeit, Appetitmangel, Gewichtszunahme („Frustessen") Unfähigkeit andere um Hilfe zu bitten, Unfähigkeit etwas zu erledigen, Überaktivität, Sinnestäuschungen, Sinnverlust, Entscheidungsschwierigkeiten, unverständliche Träume, verändertes Zeitgefühl, Kontaktverweigerung, Desinteresse, Konzentrationsstörungen, leeres Funktionieren, Überempfindlichkeit.

Körperliche Symptome wie: Leeregefühl im Magen, Herzrasen, Brustbeklemmungen, Herzrasen, die Kehle ist wie zugeschnürt, Muskelschwäche, Kurzatmigkeit.

Bei Trauernden sollten Ärzte bei entsprechenden Symptomen besonders kritisch prüfen, ob sie Krankheitswert haben oder im Rahmen der Trauer normal sind.

Mein Trost

Keine Seele geht verloren!

Mein Herz blutet

Ich liebe dich für immer

Die Zeiten der Trauer

Trauer entwickelt sich. Wenn wir sie annehmen, kann sie unendlich heilsam sein.

Im Zwischenraum – bewusst Abschied nehmen

In der Trauer lässt sich kein Rhythmus erkennen. Trauerzeiten nach dem Begräbnis können in unterschiedlicher Art und Weise wiederkehren.

Es ist wichtig, die Zeit zwischen Tod und Begräbnis bewusst zu leben. Der geliebte Mensch ist gegangen, nichts ist mehr wie vorher, alles ist ungewohnt anders. Das zu begreifen fällt schwer, ist aber vonnöten. Es kann gut sein, von dem Verstorbenen bewusst Abschied zu nehmen, ihn zu riechen, ihn zu fühlen, zu betrachten.

Jede Kultur hat ihre Religion und Rituale, die sie in den Bereichen Sterben, Tod und Trauer lebt. Die Tradition oder der persönliche Wunsch regelt, ob der Tote begraben oder verbrannt wird, oft auch, wie getrauert wird.

Vergangenheit und Gegenwart

Wir schauen gerne zurück und leben in der Erinnerung. Wir dürfen wieder in die Gegenwart kommen.

Das ist leichter gesagt als getan. Oft möchte sich der Alltag nicht einstellen, die Suche nach dem Sinn macht es uns schwer.

Gerade jetzt dürfen wir unsere Sinne benutzen: Was tut mir gut? Sonne, Regen, Wind, schmecken, riechen, hören, wahrnehmen. Eine neue Ordnung dürfen wir suchen, der Sinn ergibt sich auf dem Trauerpfad.

Wir vermissen den geliebten Menschen unendlich, auch wenn wir wissen, dass es ihm da, wo er jetzt ist, gut geht.

Der Weg

Der Trauerweg umfasst den größten Teil unserer Trauer und wird begleitet von Höhen und Tiefen, die bei einer neuen Ordnung des Lebens einfach auftreten. Verzweiflung, Hoffnungslosigkeit, Schmerz und Leid gehören dazu genauso wie Hoffnung, Mut und Zuversicht.

KAPITEL 2

Denkanstöße und Hilfestellungen auf dem Trauerweg

Der Weg entsteht im Gehen...

Bleiben

Ich möchte dich nicht loslassen. Ich finde eine andere zu mir passende Form und Ausdrucksmöglichkeit, in denen meine Liebe zu dir weitergeführt wird. Ich möchte in der Liebe zu dir bleiben – wenn auch anders als zuvor.

Heilsame Kraftquellen

Jeder Trauerweg ist individuell. Wir haben Zeit für diesen Weg, vielleicht sogar ein ganzes Leben lang.

Es gibt viele Wege, Verluste zu durchleben und Schmerz heilsam wahrzunehmen. Das können einsame Spaziergänge in der Natur sein, Erfahrungen in Gemeinschaft, in Begegnungen… – es werden nachfolgend Möglichkeiten aufgezeigt.

Schließlich werden wir genug Kraft besitzen, um aus Einbrüchen selbst herauszufinden. Rückfälle gehören zum Leben, genauso wie Fortschritte und Freude. Den positiv gefundenen Sinn können wir nutzen. Wir stehen wieder fest auf dem Boden, können weitergehen und zum Himmel aufblicken.

Du schaffst das!

Welcher Weg ist für mich geeignet und was mache ich mit meiner Zeit?

- Um den Trauerweg zu meistern, solltest du dir deine Gefühle anschauen. Sie dürfen alle sein! Sie dürfen durchlebt werden, auch wenn sie heftig sind. Ich darf Abschied nehmen und mit Angehörigen, Freunden und Kindern trauern und reden, wenn ich das möchte. Müssen tust du gar nichts, schon gar nicht funktionieren.
- Eine gute Zeitplanung ist sinnvoll: Was mache ich morgens, mittags, abends? Was macht mir Spaß, was tut mir gut? Schreiben, malen, lesen, fotografieren, bewegen?
- Wenn ich alleine bin: Wie kann ich die Zeit verbringen, bis der Alltag einkehrt? Mit wem könnte ich mich treffen? Wie kann ich mir selbst eine Freude bereiten? Gehe ich lieber arbeiten? Möchte ich das Grab besuchen? Mit wem kann ich reden, wer ist für mich da?
- Gibt es eine Selbsthilfegruppe, wo es anderen so geht wie mir? Oder ist es sinnvoll und hilfreich, einen Therapeuten aufzusuchen? Du befindest dich in einer Ausnahmesituation und alle Hilfsangebote sind wertvoll und dürfen von dir angenommen werden.

Du wirst deinen Weg mit der Zeit erkennen und ihn gehen... sei dir ganz sicher!

In Erinnerungen schwelgen

- Bewusst Abschied nehmen. Vielleicht stellst du dir in Gedanken Situationen und Ereignisse vor, die durch den Verlust nicht mehr gelebt werden konnten, dir aber noch wichtig sind. Oder du erinnerst dich nochmal an Gewesenes. Das kann Frieden schenken.
- Gemeinsame Erlebnisorte aufsuchen
- Mit Angehörigen, Freunden, Kindern gemeinsam trauern
- Andenken sammeln (Erinnerungen, Gegenstände, Bücher, Bilder)
- Immer wieder über den Verstorbenen sprechen, z. B. in Trauergesprächskreisen, Trauercafés, mit Psychologen/Therapeuten

Ich kann nicht lange bleiben,
flüstert der Glücksmoment,
aber ich lege dir
eine Erinnerung ins Herz!

Die Trauer in Fluss bringen und die Trauer bewusst wieder verlassen.

Weinen löst innere Spannungen und ist sehr wichtig. Natürlich ist es nicht förderlich, dauerhaft in Selbstmitleid zu versinken, aber für eine kurze Zeit kann sich das positiv auf den Trauerprozess und die Trauerbewältigung auswirken. Du kannst deine Emotionen z. B. durch eine bestimmte Musik in Fluss bringen. Was haben du und der geliebte Mensch gerne zusammen angehört?

Nach dieser Übung ist es wichtig, dass du den Zustand der Trauer wieder verlässt und nicht darin verharrst. Kehre bewusst wieder in die Gegenwart zurück und widme dich anderen Tätigkeiten, die dir guttun. Spreche mit einem lieben Menschen, gehe spazieren oder koche dir etwas Leckeres.

Sich etwas Gutes tun

- Sich selbst eine Freude bereiten.
- Bei einer Tasse Kaffee oder Tee ein schönes, ansprechendes Buch lesen, sich eine Kerze entzünden und sich Zeit nehmen zum Frühstücken, zum Essen – sich einfach selbst Zeit schenken.
- Die Natur ganz bewusst mit allen Sinnen (sehen, hören, riechen, schmecken und tasten) erleben, evtl. bei Spaziergängen oder Wanderungen – frische Luft und Bewegung tun außerdem der Seele und dem Körper gut! Vielleicht findest

du eine Feder, einen Stein oder ein Blatt und kannst mit dem Gegenstand eine Verbindung zu deiner Trauer herstellen.

- Massage, Yoga, Autogenes Training, Atemübungen, Meditieren (Entspannungstechniken) können beruhigen. Hierfür gibt es zahlreiche Möglichkeiten: Kurse, Bücher, CDs, usw. – wähle selbst das für dich Geeignete aus.
- Wie wäre es mit einem Entspannungsbad?
- Ausschlafen kann eine wichtige Maßnahme sein.
- Einfach mal die Seele baumeln lassen, die Kunst nichts zu tun, ausruhen, rasten – vielleicht ist eine Erholungskur sinnvoll?
  Frage: Was tut deiner Seele gut?
- Dankbar sein, vielleicht für die geschenkte Zeit?
  Den Tag ganz bewusst wahrnehmen und erleben.
- Unsere Zeit ist ein Geschenk. Bewusste Zeit erleben!
  Gesundheit und Zeit sind unsere höchsten Güter!
- Ein wichtiger Satz – eine Affirmation – kann sein:

  Ich sorge gut für mich!

  Schreibe ihn dir irgendwo hin, wo du ihn am Tag öfter siehst.
- Auf die Energien achten. Was schenkt mir Energie, was oder wer raubt sie mir.
- Vielleicht etwas Neues ausprobieren und wagen, z. B. einen Ausflug machen, eine Sportart ausprobieren, Reisen...
- Einen gesunden Rhythmus für sich finden: Ruhe, Schlaf, Aktivität – evtl. sich einen Tageszeitplan erstellen.

Musik und Singen in der Trauer

- Musik hören, Instrumente spielen.
  Zum Beispiel: Der Klang und das Spielen einer Kalimba kann wohltuend sein; dafür muss man kein Instrument spielen können; es ist deine eigene Melodie.
- Beim Singen geht es darum, die heilsame und befreiende Wirkung des Singens zu spüren. Singen stärkt das Immunsystem. Es kann helfen, den Gedankenstrom zu unterbrechen sowie Stress und Hektik abzubauen.
  Singen erleichtert den Zugang zu den Emotionen und öffnet uns wieder mehr den Zugang zu unserer Lebensfreunde und zu unserer Kraft.

Der Trauer einen Ort geben

- Es kann hilfreich sein, einen „kleinen Altar" für den geliebten Menschen zu errichten. Stelle auf einen Tisch oder Kommode ein Foto des Verstorbenen und schmücke den Ort mit Kerzen, Blumen oder anderen Andenken.
  Durch den „Altar" bleibst du in Verbindung mit deinem Liebsten, auch wenn dieses körperlich nicht anwesend sein kann.
- Für den Verstorbenen beten, gute Gedanken senden – Gedanken sind unsichtbare Kräfte

Ablenkung von der Trauer

- Besonders wenn die Gedanken den ganzen Tag nur um das Verlustereignis kreisen, ist Abwechslung gut. Man muss selbst herausfinden, welche Tätigkeit am besten ablenkt. Vielleicht ist das die Arbeit, Ausflüge mit Freunden oder sportliche Aktivitäten.
  Natürlich ist es nicht sinnvoll, der Trauer dauerhaft aus dem Weg zu gehen und sich ständig abzulenken.
  Für eine gewisse Zeit kann diese Ablenkung allerdings eine Maßnahme/Alternative sein, solange eben, bis man bereit ist, hinzuschauen und durch den Schmerz zu gehen.

Gedankenstopp – Ausstieg aus dem Gedankenkarussell

- Wir lassen bei dieser Methode zuerst die negativen Gedanken zu, unterbrechen sie dann jedoch durch einen lauten „Stopp-Ruf". Dabei können wir uns ein Stoppschild vorstellen. Wir können den Ruf nach einigen Wiederholungen auch stumm in unserem Kopf ablaufen lassen. Wir können mit dieser Methode abrupt die Kontrolle über unsere Gedanken zurückgewinnen.

Am Ende langsam und bewusst ein- und ausatmen und ein schönes, persönliches Entspannungsbild vor das geistige Auge holen. Vielleicht macht man anschließend etwas, was einem Spaß macht und erfahrungsgemäß guttut.

Lächeln entspannt

Ziehe die Mundwinkel hoch, als hättest du Grund zur Freude – auch wenn es schwerfällt. Auch ein „falsches" Lächeln hebt die Stimmung und macht ein wenig glücklicher. Unser Gehirn reagiert auf die Muskelbewegung und schüttet Endorphine (Glückshormone) aus.

Vielleicht erinnerst du dich an etwas Schönes!

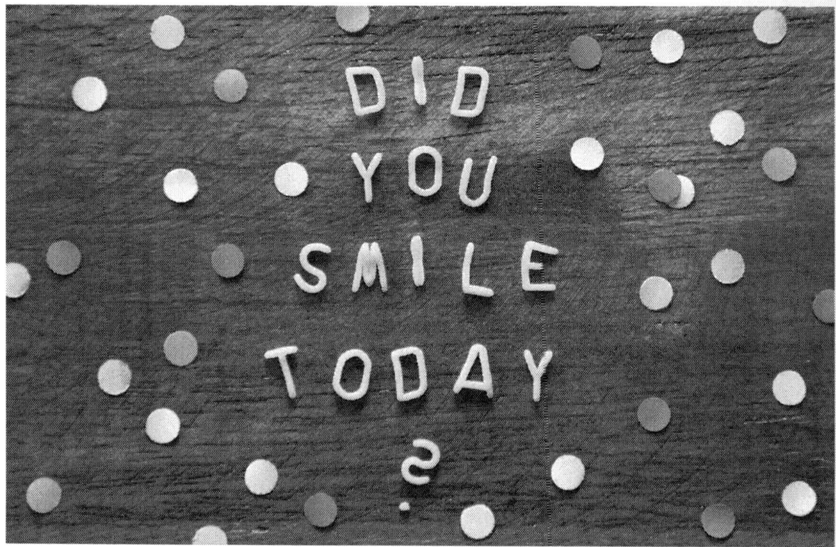

Natürlich wird dir das alles nicht deine Traurigkeit wegnehmen, aber es kann dir ein Treppengeländer sein, an dem du dich festhalten kannst. Die Fürsorge für dich selbst steht an erster Stelle! Du bist wichtig und wertvoll. Tue dir etwas Gutes! Dabei kannst du dich neu kennenlernen.

Es folgen weitere Vorschläge:

Schreibe darüber, was dich bewegt

- Ein Trauer-Tagebuch nimmt alles von dir auf. Schreiben kann die Seele befreien und Raum für Neues schaffen. Ein Notizbuch, das du immer bei dir hast und in dem du Einträge vornehmen kannst, ist hilfreich. Du wirst erkennen können, wie sich deine Gefühle verändern. Am Ende des Buches findest du Platz für solche Möglichkeiten der Einträge oder du legst dir ein extra „Trauer-Tagebuch" an. Dazu eignen sich Notizbücher aller Art.

- Oder du schreibst einen Brief oder mehrere an deinen Stern und/oder an dich selbst. Darin kannst du alles mitteilen, was dir auf der Seele liegt und was du noch sagen wolltest, wozu du vielleicht nicht mehr gekommen bist. Den Brief kannst du an einen für dich wichtigen Ort packen oder der Natur übergeben – du darfst sicher sein, der Inhalt des Briefes kommt gut an.
  Es gibt mehr zwischen Himmel und Erde, als wir begreifen und verstehen können.

Ich schreibe dir einen Brief:

Trauer auch körperlich ausdrücken

„Du hast mein Klagen in Tanzen verwandelt, hast mir das Trauergewand ausgezogen und mich mit Freude umgürtet." (Psalm 30, Vers 12).

Einfache Körperübungen mit „gymnastischem Ansatz" (z. B. auch Rehasport, Gymnastikkurse) können zu Lockerung und Entspannung beitragen, kombinierte Atem- und Bewegungsübungen können dazu beitragen, die Atmung zu intensivieren, mit dem Effekt, Kreislauf und Stoffwechsel anzuregen („Durchatmen").

Die gestellte Aufgabe, Übungen durchzuführen und auf den Körper zu achten, fördert die Konzentration, fördert das „Zu-Sich-Kommen"; das Abschweifen oder Fixiertsein der Gedanken wird unterbunden.

Über die Bewegung des Körpers kann der Geist in Bewegung geraten (den Körper aufrichten und sich dann stark fühlen), wie auch er Geist den Körper beeinflusst (Trauer lähmt und lässt erstarren).

Bewegungsübungen ohne vordergründige Orientierung am Trauerprozess vermögen dazu beizutragen, „ins Jetzt" zu kommen, abzuschalten und zugleich im Augenblick präsent zu sein.

Bewegung, Musik und Tanz können dabei helfen, aus dem alltäglichen (Trauer-) Trott auszusteigen und gestern wie morgen für den Moment zu vergessen.

Im Spüren des Körpers und seiner Bewegung mit der Bewegung im Raum kann im glücklichen Fall das „Sein" ohne Alltagsbezug (hier: Bezug zur Verlusterfahrung) erspürt werden.

Der Trauer eine Gestalt geben

Drücke deine Trauer aus, indem du ein Bild malst oder eine Skulptur aus Gestalten mit Ton und Erde formst. Bastelarbeiten aller Art können unserem Inneren Ausdruck geben und uns hilfreich auf unserem Weg sein.

Gestalte, forme oder spiele das, was dir in den Sinn kommt und deine Trauer nach außen trägt.

Kreatives Malen oder Ausmalen, z. B. Mandalas sind behilflich, uns zu zentrieren und in unsere Mitte zu kommen.

Tipp für das Mandala:
Gehe an einen ruhigen Ort, wo du ungestört bist. Beginne dann einfach mit dem Ausmalen und zwar ohne viel nachzudenken, wie das Mandala am Ende aussehen soll. **Male von außen nach innen, also immer zum Zentrum hin. Konzentrier dich nur auf die Aufgabe des Ausmalens.**

Mein Mandala

Alternative Heilmethoden in der Trauer – Phytotherapie

Pflanzliche Substanzen können eine Unterstützung in der Trauerphase sein. Kräuter wie die Passionsblume, Johanniskraut, der Baldrian, Ignatia, Rosenwurz sind bekannt für ihre heilsamen Eigenschaften gerade bei Trauerzuständen.

Die ***Bachblütentherapie*** basiert auf der Vorstellung, dass bestimmte Pflanzenessenzen positive Auswirkungen auf die emotionale Gesundheit haben. Sie unterstützt bei Gefühlen wie Angst, Verzweiflung, Traurigkeit und Einsamkeit.

Die ***Aromatherapie:*** Ätherische Öle, wie z. B. Lavendel oder Kamille, können dabei unterstützen, Angst und Stress abzubauen und sollen eine beruhigende Wirkung auf die Seele und den Körper haben.

Frage ruhig auch in der Apotheke oder beim Arzt/Heilpraktiker danach!

Gärtnern in der Natur als Trauerarbeit

Das Grab ist im Grunde ein kleiner Garten – und man kann auf ihm pflanzen und anbauen, was einem selbst am besten gefällt, auch Kräuter.

Friedhöfe sind oft ruhige, schöne Orte mit viel Grün. Die Grabpflege kann mehr als Trauerarbeit und das Erfüllen von Pflichten sein. Sie kann eine Auszeit vom Alltag sein oder sogar ein Hobby. Im „Garten" können wir uns erden, befreien und erneuern. So erschließt sich oft ein Umgang mit sensiblen Bereichen. Wir erleben auch Ohnmacht, stehen oft genug an der Grenze zwischen dem aktiven Tun (pflanzen, gießen, düngen...) und Geschehenlassen und Anvertrauen: denn wachsen und blühen kann die Pflanze nur selbst.

In der ersten Zeit nach dem Tod eines geliebten Menschen sind Gräber oft ein Ort für die eigene Trauer. Man kann hier lange verweilen, ohne dass jemand fragt, wie es einem geht. Man kann weinen und in sich hineinspüren – mit allen Sinnen - und seinen Gefühlen auf die Spur kommen. Wir empfinden Schmerz, Hoffnungslosigkeit, Wut, Verzweiflung und fühlen uns verlassen.

Und wir können uns erinnern. All das darf sein.

Auch ist es möglich, Friedhof anders zu begreifen. Nicht als Ort für die Toten, sondern für die Lebenden, die Hinterbliebenen. Das Grab kann und darf ein kleiner Garten sein, den man sich schön macht.

Persönliche Gegenstände, Steine oder persönliche Nachrichten auf dem Grab können ebenso hilfreich sein. Es findet darüber eine Art Kommunikation mit den Verstorbenen statt und das Grab darf ruhig bunt und fröhlich gestaltet werden. Das alles kann tröstlich sein.

Natürlich muss ein solcher Garten auch nicht am Grab sein; der Garten zuhause ist sicherlich genauso geeignet, um mit der Erde in Verbindung zu kommen.

Wenn wir in Zeiten des Schmerzes und der Trauer es hinbekommen, bewusst und wach in die Natur einzutauchen, so kann das für uns sehr heilsam sein. In der Natur können wir eine Heimat finden; sie spiegelt unsere Befindlichkeit, unseren Zustand, unser Fühlen in einem unbegrenzten Fundus an Bildern und Metaphern wider. Wir erleben uns selbst als natürlich. Trauer ist, ähnlich wie Angst oder Wut; sie wird öffentlich nicht gern gesehen und ist doch so wichtig. Und auch die Natur reagiert auf Verwüstungen auf oft ungeliebte Art (sicherlich fallen dir im Wald Sturmschäden, abgebrochene Bäume, Baumstümpfe usw. auf).

Und auch sie erholt sich wieder und erneuert sich.

Vielleicht will man auch einen Gedenkbaum an einem geeigneten Platz dafür anpflanzen?

Das ist eine schöne Möglichkeit, um einen geliebten Menschen zu ehren und gleichzeitig zur Erhaltung der Umwelt beizutragen. Ein gut gepflegter Gedenkbaum kann viele Jahre Freude und Erinnerungen bringen. Die Auswahl des richtigen Baums und Standorts ist hier entscheidend und man sollte sich hierbei ruhig beraten lassen.

Die Natur ist ein sanfter Begleiter:
sie nimmt uns an, so wie wir sind,
sie hat Geduld und Verständnis.
Das ist es,
was wir Trauernden
so sehr benötigen!

Rituale – Halt und Stärke in der schweren Zeit

Wir brauchen Orte, Menschen, Rituale, die uns in der Zeit halten und uns jetzt Kraft geben. Gerade in Zeiten des Umbruchs helfen sie uns, mit Unsicherheit umzugehen. So bauen wir wieder Vertrautes auf. Wir dürfen auf uns achten und gut und behutsam mit uns umgehen, damit Neues sich entwickeln kann. Unser Weg scheint sich verändert zu haben, aber es ist immer noch unser Weg. Nichts erwarten und doch alles bekommen, was wir für uns brauchen, das ist die Devise.

Eigene Rituale (z. B. Aufstellen von Kerzen, Bildern, Blumen, das Beten, zum Grab gehen…), die unsere Verstorbenen würdigen und anerkennen, lassen sie auf eine besondere Weise weiter leben.

Vielleicht hilft es dir, immer wieder zu einem bestimmten Lieblingsort/-platz zu gehen (das kann z. B. eine Bank im Wald oder an einem See sein), eben dorthin, wo du dich wohlfühlst und abschalten kannst.

Rituale durchbrechen die immer gleichen Abläufe des Alltags, geben uns Halt sowie Sicherheit und beschränken uns auf das Wesentliche in diesem Augenblick.

Mit Mut vorangehen

Es ist von Mensch zu Mensch unterschiedlich, wie lange die Trauer und die Trauerbewältigung dauern. Das hängt vor allem von der Beziehung zum Verstorbenen ab. War es dein bester Freund und hast du jeden Tag mit ihm verbracht oder hast du gar dein Kind verloren, dauert die Trauerbewältigung länger als bei einem Menschen, mit dem du nicht so eine innige Beziehung geführt wurde.

Setze dich nicht unter Druck mit Gedanken wie „Ich muss die Trauer ganz schnell überwinden" oder „Warum dauert es bei mir so lange". Habe Geduld!

Verschließe dich aber nicht vor der letzten Phase der Trauer – dem Start ins neue Leben. Ohne Mut im Leben voranzugehen, lässt sich Trauer nicht bewältigen. Sie wird stattdessen chronisch.

Aufarbeiten ist wichtig, aber genauso wichtig ist das „Nach vorne schauen" und „Weitergehen"; die Vergangenheit ist Geschichte, Zukunft ist ein Geheimnis, aber jeder Augenblick ist ein Geschenk!

Trauer ist ....

Sehnsucht

Ein tiefes Loch – eine große Wunde

Leiden

Fragen und Antworten

Weinen

Klagen

Suchen

Trösten

Finden

Ein Weg

Mein Sternenkind

Mein Sternenkind weiß,
warum es den Weg in diese Welt
nicht gehen konnte.
Ich dagegen stehe hilflos der Tatsache
des Verlustes gegenüber und frage nach dem
„WARUM".
Die Antwort wird sich mir nie ganz erschließen,
aber ich erhalte die Gewissheit,
dass meine große Liebe, dort wo sie ist,
gut aufgehoben ist
und es ein Wiedersehen
in einer anderen Form geben wird.
Diese Tatsache ist mir Trost, Kraft und hilft dabei,
weiterzugehen.

Träume in der Trauer

Oft kann man den Alltag nur bewältigen, indem man gewohnte Strukturen aufrechterhält und versucht, sich abzulenken.

Aber keinem Trauernden bleibt es erspart, sich seinen Emotionen zu stellen, auch wenn diese kaum auszuhalten sind. Trauerphasen, die unterdrückt und ausgeblendet werden, kommen wieder und verlängern sich in vielen Fällen. Es ist unvermeidbar, sich mit der eigenen Trauer zu beschäftigen. Die Wege sind vielfältig. Die Beobachtung von Träumen in der Trauer kann ein solcher Weg sein.

Es kommt häufig vor, dass wir von dem Verstorbenen träumen. Wir erhalten so Botschaften aus unserem Unterbewusstsein und dürfen erkennen, was uns gerade beschäftigt und wo wir uns in unserer Trauer gerade befinden. Manchmal zeigen sie uns auch Lösungswege auf.

Die Erinnerungen festhalten wollen

Wir möchten die Erinnerungen an den verstorbenen geliebten Menschen nicht verlieren, aber fürchten uns sehr davor. Was würden wir darum geben, ihn nochmal zu sehen, ihn zu spüren, zu fühlen und mit ihm zu sprechen? Sehr bewegend, aber manchmal aufreibend, können deshalb auch die Begegnungen in unseren Träumen sein.

Manchmal fühlen wir uns nach diesen Träumen sehr getröstet, aber oft müssen wir auch schmerzlich feststellen, dass nach dem Aufwachen der Abschiedsschmerz wieder da ist. Aber gerade das wiederholte Durchleben hilft uns auch in der Trauerarbeit, unsere Erinnerung zu stärken und den Schmerz zu lindern.

Träume sind Wegweiser in der Trauer

Uns mit unseren Emotionen auseinanderzusetzen bringt Heilung. Träume unterstützen uns, Abstand zu schweren Situationen zu bekommen und emotionale Einsichten zu gewinnen.

Es gibt verschiedene Arten von Träumen:

- Botschaftsträume, in denen wir wichtige Botschaften vom Verstorbenen vermittelt bekommen
- Besuchsträume, in denen wir mit dem verstorbenen Menschen beisammen sind
- Bestätigungsträume, in denen der Verstorbene den Trauernden aufrichtet
- Angst- und Alpträume, in denen wir den Verlust wieder hautnah erleben

Festhalten der Träume

Hilfreich kann es sein, die Träume nach dem Aufwachen festzuhalten, damit wir uns später wieder an sie erinnern können. Ich möchte die drei Methoden: Trauertagebuch, Bilder der Traumwelt zeichnen und den Traumfänger vorstellen.

Traumtagebuch

Du kannst ein Traumtagebuch führen. Dafür benötigst du in der Nähe des Bettes ein Büchlein mit leeren Seiten und einen Stift. Schreibe deinen Traum gleich nach dem Aufwachen in Stichworten auf, ohne viel darüber nachzudenken.

Leitfragen können dabei hilfreich sein:

- Was geschah in dem Traum?
- Welche Gerüche, Farben, Klänge, Formen kamen im Traum vor?
- Wie war das eigene Empfinden?
- Was hat besonders berührt oder vielleicht beängstigt und aufgewühlt?
- Wie soll der Traum am liebsten weitergehen?

Vielleicht kann man sich zum Schluss noch eine kurze Überschrift für den Traum ausdenken. Damit wird der Inhalt des Traumes auf den Punkt gebracht.

Bilder der Traumwelt zeichnen

Eine andere Methode kann das Zeichnen von Traumwelt-Bildern sein, das kann auch in Form einer Skizze sein. Dafür wird ein Blatt Papier benötigt, bunte Farbstifte oder auch nur ein Bleistift.

Leitfragen können auch hier hilfreich sein:

- Was soll in dem Bild festgehalten werden? Welche Szene im Traum war zentral?
- Wofür steht sie und was soll sie bedeuten?
- Welche Emotionen werden hervorgerufen?
- Wie war das Empfinden, welche Emotionen wurden hervorgerufen?
- Vielleicht kann man dem Traumbild etwas hinzufügen, damit es sich gut anfühlt?

Auch hier ist eine kurze Titelbenennung für das Bild zum Schluss hilfreich, damit man sich später gut an den Traum erinnern kann.

Durch das regelmäßige Aufschreiben oder Zeichnen der Träume kann man im Lauf der Zeit erkennen, wie sich das Befinden im Alltag auf die Träume auswirkt und wie sich die Emotionen im Laufe der Zeit verändern.

Traumfänger gleich Trauerfänger

Sicherlich ist jedem der Traumfänger ein Begriff. Er wird in aufwendiger Handarbeit gebunden und ist mit Steinen und Federn geschmückt. Er soll symbolisch in der Nähe vom Bett aufgehängt werden. Es heißt: „In seinem Netz werden die schlechten

Träume einfangen und eben nur die schönen Träume durchgelassen."

Zwei Wege der Handhabung sind möglich:

1. Der Trauerfänger soll schlechte Träume vom Menschen fernhalten.
2. Belastende Träume in der akuten Trauerphase können nach dem Aufwachsen symbolisch an den Trauerfänger übergeben werden.

Das kann ein schönes Schutzsymbol für die Nacht sein. Besonders ist dieses Ritual auch für Kinder und Jugendliche geeignet.

Der Trauerfänger kann zu einem späteren Zeitpunkt als Erinnerung an den geliebten Menschen ein Symbol sein.

Trauer in der Bibel

In unserem Leben kann die Bibel für uns ein Spiegel der Fragen sein, die uns auf der Seele liegen.

Es lässt sich darin auch beobachten, wie die Menschen damals mit Tod und Trauer umgegangen sind. Mehrere biblische Personen haben tiefe Verluste und Trauer erlebt, darunter Hiob, Naomi, Hannah und David. Selbst Jesus trauerte (Johannes 11,35; Matthäus 23,37 – 39). Nach dem Tod von Lazarus ging Jesus in das Dorf Bethanien, wo Lazarus begraben war. Als Jesus Martha und die anderen Trauernden weinen sah, weinte auch er. Er war von ihrem Kummer und auch von der Tatsache des Todes von Lazarus bewegt. Das Erstaunliche daran ist, dass Jesus, obwohl er wusste, dass er Lazarus von den Toten auferwecken würde, sich entschloss, an der Trauer teilzuhaben, die diese Situation mit sich brachte.

Die Erzählungen geben einen Einblick in die persönliche Betroffenheit der einzelnen; sie schildern, wie tief die Trauer ist. Den biblischen Menschen geht es nicht anders wie allen anderen auf der Welt, wenn jemand stirbt. Die Bibel beschreibt beides: die enge Beziehung der Hinterbliebenen zu den Verstorbenen und die harte Wirklichkeit des Todes.

Sogar in den Geschichten des Neuen Testamentes, in denen es schließlich um die Auferweckung von den Toten geht, wird ersichtlich, dass die Betroffenen dennoch durch die Trauer hindurch gehen müssen. Die Grenze des Todes ist endgültig und führt zu einer tiefen Betroffenheit. Gott geht selbst in der Person Jesu bei einigen Erzählungen tief in die Trauer mit hinein. So wird deutlich, dass Gott mit um den Verstorbenen trauert.

Das kann ein hilfreicher Trost sein.

Ich will euch trösten!

(Jesaja 66,13)

Die Emmausjünger *(Lukas 24, 13-35)* **– von der Trauer zurück ins Leben**

Und siehe, zwei von ihnen gingen an demselben Tage in ein Dorf, das war von Jerusalem etwa zwei Wegstunden entfernt; dessen Name ist Emmaus. Und sie redeten miteinander von allen diesen Geschichten. Und es geschah, als sie so redeten und sich miteinander besprachen, da nahte sich Jesus selbst und ging mit ihnen. Aber ihre Augen wurden gehalten, dass sie ihn nicht erkannten. Er sprach aber zu ihnen: Was sind

das für Dinge, die ihr miteinander verhandelt unterwegs? Da blieben sie traurig stehen. Und der eine, mit Namen Kleopas, antwortete und sprach zu ihm: Bist du der Einzige unter den Fremden in Jerusalem, der nicht weiß, was in diesen Tagen dort geschehen ist? Und er sprach zu ihnen: Was denn? Sie aber sprachen zu ihm: Das mit Jesus von Nazareth, der ein Prophet war, mächtig in Taten und Worten vor Gott und allem Volk; wie ihn unsre Hohenpriester und Oberen zur Todesstrafe überantwortet und gekreuzigt haben.

Wir aber hofften, er sei es, der Israel erlösen werde. Und über das alles ist heute der dritte Tag, dass dies geschehen ist. Auch haben uns erschreckt einige Frauen aus unserer Mitte, die sind früh bei dem Grab gewesen, haben seinen Leib nicht gefunden, kommen und sagen, sie haben eine Erscheinung von Engeln gesehen, die sagen, er lebe. Und einige von uns gingen hin zum Grab und fanden's so, wie die Frauen sagten; aber ihn sahen sie nicht. Und er sprach zu ihnen: O ihr Toren, zu trägen Herzens, all dem zu glauben, was die Propheten geredet haben! Musste nicht Christus dies erleiden und in seine Herrlichkeit eingehen?

Und er fing an bei Mose und allen Propheten und legte ihnen aus, was in der ganzen Schrift von ihm gesagt war. Und sie kamen nahe an das Dorf, wo sie hingingen. Und er stellte sich, als wollte er weitergehen. Und sie nötigten ihn und sprachen: Bleibe bei uns; denn es will Abend werden und der Tag hat sich geneigt. Und er ging hinein, bei ihnen zu bleiben. Und es geschah, als er mit ihnen zu Tisch saß, nahm er das Brot, dankte, brach's und gab's ihnen. Da wurden ihre Augen geöffnet und sie erkannten ihn. Und er verschwand vor ihnen. Und sie sprachen untereinander: Brannte nicht unser Herz in uns, als er mit uns redete auf dem Wege und uns die Schrift öffnete? Und sie standen auf zu derselben Stunde, kehrten zurück nach Jerusalem und fanden die Elf versammelt und die bei ihnen waren; die sprachen: Der Herr ist wahrhaftig auferstanden und Simon erschienen. Und sie erzählten ihnen, was auf dem Wege geschehen war und wie er von ihnen erkannt wurde, als er das Brot brach.

Die tiefe Aussage für uns Trauernde: Jesus lässt uns in der schwersten Stunde nicht allein, er ist bei uns, er gibt Hoffnung, Trost und Zuversicht und trägt das Leid mit. Ihm können wir uns anvertrauen! Er ist bei uns, wenn wir uns alleine fühlen und verzweifelt sind.

Weitere tröstende Bibeltexte

- Gott fühlt mit uns, wenn wir leiden: Psalm 55:22; 1. Petrus 5:7
- Gott hört uns geduldig zu: Psalm 86:5; 1. Thessalonicher 5:17
- Gott vermisst die Verstorbenen: Hiob 14:13-15
- Gott verspricht, die Toten zum Leben zurückzubringen: Jesaja 26:19; Johannes 5:28, 29
- Marta und Maria sind wütend und verzweifelt: Joh 11, 11-45)
- Die Trauer der Maria Magdalena: Joh 20,11-18
- Jakob kann den Tod seines Sohnes nicht glauben (GEN 37, 31-35)

Der Herr ist mein Hirte,
nichts wird mir fehlen.
Muss ich auch wandern in finsterer Schlucht,
ich fürchte kein Unheil

(Psalm 23,1 und 4)

Natürlich können andere Weltregionen für dich hilfreich und wichtig sein oder auch gar nicht. Du bist frei!

Wichtig ist, dass du das Richtige für dich selbst findest und dich auf die Suche machst, was deine Seele berührt.

Segen der Trauernden

Gesegnet seien alle, die mir jetzt nicht ausweichen.

Dankbar bin ich für jeden, der mir einmal zulächelt und mir seine Hand reicht, wenn ich mich verlassen fühle.

Gesegnet seien die, die mich immer noch besuchen, obwohl sie Angst haben, etwas Falsches zu sagen, die mir erlauben, von meinem Verlust zu sprechen.

Ich möchte meine Erinnerungen nicht totschweigen.

Ich suche Menschen, denen ich mitteilen kann, was mich bewegt.

Gesegnet seien alle, die mir zuhören, auch wenn das, was ich zu sagen habe, sehr schwer zu ertragen ist.

Gesegnet seien alle, die mich nicht ändern wollen, sondern geduldig so annehmen, wie ich jetzt bin.

Gesegnet seien alle, die mich trösten und mir zusichern, dass Gott mich nicht verlassen hat.

Der Sonnengesang des Heiligen Franziskus

Höchster, allmächtiger, guter Herr,
dein sind der Lobpreis, die Herrlichkeit und Ehre
und jeglicher Segen.
Dir allein, Höchster, gebühren sie,
und kein Mensch ist würdig, dich zu nennen.
Gelobt seist du, mein Herr,
mit allen deinen Geschöpfen,
zumal dem Herrn Bruder Sonne,
er ist der Tag und du spendet uns das Licht durch ihn.
Und schön ist er und strahlend in großem Glanz,
dein Sinnbild, o Höchster.

Gelobt seist du, mein Herr,
durch Schwester Mond und die Sterne;
am Himmel hast du sie gebildet,
hell leuchtend und kostbar und schön.

Gelobet seist du, mein Herr,
durch Bruder Wind und durch Luft und Wolken
und heiteren Himmel und jegliches Wetter,
durch das du deinen Geschöpfen den Unterhalt gibst.
Gelobt seist du, mein Herr,
durch Schwester Wasser,
gar nützlich ist es und demütig und kostbar und keusch.

Gelobt seist du, mein Herr,
durch Bruder Feuer,
durch das du die Nacht erleuchtest;
und schön ist es und liebendwürdig und kraftvoll und stark.

Gelobt seist du, mein Herr,
durch unsere Schwester, Mutter Erde,
die uns ernährt und lenkt
und vielfältige Früchte hervorbringt
und bunte Blumen und Kräuter.

Gelobt seist du, mein Herr,
durch jene, die verzeihen um deiner Liebe willen
und Krankheit ertragen und Drangsal.
Selig jene, die solches ertragen in Frieden,
denn von dir, Höchster, werden sie gekrönt werden.

Gelobt seist du, mein Herr,
durch unsere Schwester, den leiblichen Tod;
ihm kann kein Mensch lebend entrinnen.
Wehe jenen, die in schwerer Sünde sterben.

Selig jene, die sich in deinem heiligsten Willen finden,
denn der zweite Tod wird ihnen kein Leid antun.
Lobt und preist meinen Herrn
und sagt ihm Dank und dient ihm mit großer Demut.

Franziskus von Assisi

Wer stirbt,
erwacht zum ewigen Leben!

(Franz von Assisi)

Jeder Mensch hat seinen Schutzengel

Tröstlich ist es zu wissen, dass jeder Mensch – schon im Mutterleib – seinen eigenen Schutzengel hat. Wir sind also nie allein. Niemand ist allein. Kinder nennen ihn oft Spielkameraden, weil sie ihn wahrnehmen können. Andere bezeichnen ihn als Geistführer.

Diese Engel begleiten uns von Anfang bis zum Ende; sie schenken Vertrauen, geben uns Schutz und sind behilflich bei der Umwandlung vom irdischen Leben in das andere jenseits des Todes.

Ich vermisse dich – der Schmerz ist so groß – was kann ich tun?

Beten kann wichtig und elementar sein. Beten gibt einen unglaublich großen Trost. „Der Segen der Trauernden" und „der Sonnengesang des Heiligen Franziskus" sind eine kleine Einstimmung darauf. Vielleicht haben dich die Gebete getröstet und dich berührt? Beten beruhigt und du zentrierst dich.

Wiederholungen festigen dich.

Sicherlich kennst du selbst Gebete (z. B. das Vaterunser oder Mariengebete), die für dich Bedeutung haben.

Aber auch

„Ich danke dir"

reicht immer und überall reicht aus

„Auch ein **Stoßgebet** (z. B. du bist bei mir. Bitte hilf mir...) oder im freien Gebet liegen Heil und Stärkung für uns bereit. In manchen Augenblicken oder schwierigen Situationen kann ein Gebet eine Brücke sein, wo wir vielleicht sonst ohne Führung gewesen wären.

Ein Gebet, das aus unserer tiefsten Seele kommt, beinhaltet:

Dankbarkeit (Danke, dass wir uns immer an dich wenden können und du uns überall begleitest)

Vertrauen (Du kennst mich. Du hast mich und die ganze Welt geschaffen. Du weißt alles)

Gottes Wille (Dein Wille ist Frieden, Harmonie, Gesundheit und Liebe, Dein Wille geschehe im Himmel und auf der Erde und nicht mein Wille!)

Bitte (ich brauche dich nicht zu bitten, aber es tut mir gut, dir all meine Wünsche offen zu legen und sie dir zu nennen in dem Vertrauen, dass du alles Egoistische aussortierst. Ich bin offen für das, was du mir schenken möchtest)

Fürbitte (ich vereine mich mit meinem freien Willen und deinem ständigen Wunsch zu heilen. Daraus wächst die Kraft für den Hilfesuchenden und kann auch seine inneren Zweifel und Ängste überwinden).

Du kannst in dein Gebet all deinen Schmerz, deine Trauer und deinen Kummer nehmen. Es hilft dir, all das Schreckliche zu verarbeiten und heilt deine Wunde, wenn du ihm den Raum zur Heilung gibst. Auch andere Menschen können und dürfen für dich beten. Vertraue dich ihnen an und bitte sie, dich im Gebet zu unterstützen.

Gelassenheit

Gib mir die Gelassenheit, Dinge hinzunehmen, die ich nicht ändern kann, den Mut, Dinge zu ändern, die ich ändern kann, und die Weisheit, das eine vom anderen zu unterscheiden.

Es gibt keine Schuld – Schritt für Schritt zur Heilung

Oft fühlen wir uns schuldig; zumindest ist es ein beständig begleitendes Gefühl in der Trauer. Schuldgefühle sind Emotionen, die aus unserem Bewusstsein entstehen, etwas Falsches getan zu haben, auch wenn das gar nicht stimmt. Man möchte das Geschehene gerne rückgängig machen, man wünscht sich das so sehr und beschäftigt sich gedanklich ständig damit. Diese Gedanken laufen aber ins Leere und wir dürfen uns – jeder in seinem Tempo – von ihnen verabschieden.

Weil die Trauer oft ein unerträgliches Gefühl ist, möchte man sie schnell hinter sich lassen. Der Versuch, sich zu beeilen, kann aber dazu führen, dass man sich überfordert fühlt und sich auslaugt.

Es ist gut, wenn man nicht an die ganze „Wegstrecke" auf einmal denkt, sondern nur an den nächsten Schritt und an den nächsten Atemzug. Und dann immer wieder an den nächsten...so kommt man Schritt für Schritt voran, bis man auf einen heilsamen Weg zurückblieben kann.

Die Trauer erscheint uns oft so nutzlos, aber das ist ganz und gar nicht so: Wer trauert, lernt sehr viel über sich selbst, aber auch über andere Menschen; der trauernde Mensch kann besser heilen. Die Trauer hat ihre Berechtigung und darf einen Platz in unserem Leben einnehmen.

Geben wir ihr die Zeit und ihren Raum!

– KAPITEL 3 –

Selbstfindung in der Trauer

Alle bisher beschriebenen Denkanstöße und Hilfestellungen können dir auf deinem Trauerweg, aber auch auf dem Weg zur Selbstfindung behilflich sein.

Wer bin ich? Was will ich von meinem Leben, was sind meine Ziele und Werte? Welche Stärken und Schwächen zeichnen mich aus? All diese Fragen können auch in der Trauer auftauchen.

Nur wer sich selbst kennt, kann auch für sich den richtigen Weg einschlagen. Wir sollten uns nicht nach äußeren Erwartungen richten, sondern mehr auf unsere eigenen Bedürfnisse und Wünsche hören. Es macht keinen Sinn, sich zu vergleichen. Du bist DU!

Selbstfindung lohnt sich auf alle Fälle. Sie hilft dir in deiner Persönlichkeitsentwicklung und du stärkst dein Selbstbewusstsein. Wenn du deine Bedürfnisse kennst, kannst du deine Lebensumstände so arrangieren, dass sie dich glücklich und vor allem zufrieden machen.

Wie kann ich mich noch besser kennenlernen? Die folgenden Aufzählungen können ein weiterer Schlüssel für dich sein:

Verbringe Zeit mit dir selbst

Du kannst besser auf deine innere Stimme hören, wenn du nicht ständig von Menschen umgeben bist. Ruhe und Ungestörtheit führen dich zu dir selbst. In der heutigen Zeit der ständigen Erreichbarkeit sind wir sehr selten mit unseren Gedanken ganz alleine. Es ist gut, wenn du dir selbst Zeitintervalle einplanst, die du nach Möglichkeit alleine und ohne technische Geräte, die dich anderweitig beschäftigen, verbringst. Das kann dir schwerfallen, wenn du die meiste Zeit mit anderen zusammen bist und dich ablenkst. Sicherlich gewöhnst du dich mit der Zeit an die ruhigen Momente und lernst sie zu schätzen.

Schenke deinen Gefühlen Aufmerksamkeit

Versuche deine Emotionen zu verstehen und sei aufmerksam für deine eigenen Gefühle. Sie sind ein wichtiger Indikator dafür, was uns im Leben wirklich wichtig ist. Mit einem besseren Zugang zu deinen Gefühlen kannst du einiges über dich herausfinden.

Die eigene Komfortzone verlassen

Um Zugang zu deinen verborgenen Fähigkeiten zu bekommen, darfst du deine bisherigen Grenzen von Zeit zu Zeit überschreiten. So kannst du Neues erfahren und neue Stärken entdecken. Sei offen für neue Erfahrungen und probiere andere Wege aus, wenn du Gelegenheit dazu hast. Dein Körper wird diese Erfahrungen speichern.

▮ *Wohlwollen*

Schaue auf dich mit einer wohlwollenden Grundhaltung. So wie du bist, bist du okay. Du brauchst dir nichts selbst vorzumachen. Akzeptiere dich, so wie du bist und es wird dir leichter fallen, ehrlich zu dir zu sein.

▮ *Für Vergleichsprozesse aufmerksam sein*

Es liegt in der Natur des Menschen, sich ständig mit anderen Menschen zu vergleichen und zu messen. Das ist uns gar nicht mehr bewusst, sondern läuft oft ganz automatisiert. Für unseren Selbstfindungsprozess ist das allerdings wenig hilfreich, sondern lenkt von unseren wirklichen Bedürfnissen ab und sorgt dafür, dass wir mit unserer Situation unzufrieden sind. Achte darauf, wann du dich mit anderen Menschen misst. Wenn dir das öfter auffällt, dass bei dir diese Vergleichsmomente aktiviert werden, ist das der erste Schritt, aus diesem Muster auszusteigen. Versuche bei dir bleiben, bei deinen Werten, deiner Wahrheit und deiner Vision!

▮ *Schaue auf DICH*

Du solltest Erwartungen von außen so weit wie möglich ausblenden, wenn du dich selbst finden möchtest. Möchtest du ein bestimmtes Ziel wirklich selbst erreichen, weil es DIR wichtig ist, oder geht es doch eher darum, dein Umfeld und andere zufriedenzustellen. Setze den Fokus auf DICH!

▮ *Sei gelassen*

Wenn unsere Emotionen die Kontrolle übernehmen, fällt es uns oft schwer, überlegte Entscheidungen zu treffen. Wenn du öfter gelassen bist, kannst du die Kontrolle behalten und dich besser für den richtigen Weg entscheiden. Es gibt viele Techniken, die dabei helfen können (z. B. Meditation, progressive Muskelentspannung, autogenes Training). Gelassenheit ist erlernbar.

Die eigenen Ängste erforschen

Angst ist eine unserer stärksten Emotionen. Sie ist zwar wichtig für das Überlegen, aber sie kann uns auch extrem einschränken. Bei deiner Selbstfindung kann es sinnvoll sein, sich mit deinen Ängsten aktiv auseinanderzusetzen. Halten deine Ängste dich vielleicht davon ab, etwas zu erreichen, das für dich sehr wichtig ist?

Andere Sichtweisen mit einbeziehen

Manchmal sind andere Menschen mit einer Außenperspektive eine große Hilfe, wenn es darum geht, eine ehrliche Einschätzung über sich selbst zu erhalten. Vielleicht sind dir besondere Stärken noch gar nicht selbst bei dir aufgefallen.

Zielvorstellung

Der Begriff „Selbstfindung" suggeriert vielleicht, dass es einen Endpunkt in der Entwicklung gibt – einen Punkt, an dem du dich endgültig gefunden hast. Du veränderst dich ständig und deshalb wird es den einen „Zeitpunkt" der Selbstfindung nicht geben können. Dir werden im Alltag immer wieder herausfordernde Situationen begegnen. Je klarer du in dir bist, umso weniger werden sie dich triggern und dich aus der Bahn werfen. Stattdessen kannst du feststellen, wie du in deinem neuen ICH reagierst und merkst, wie du weiter wächst.

Negativ-Liste schreiben

Nimm dir Ruhe und Zeit und schreibe eine Liste mit all den Dingen, die für dich auf gar keinen Fall in Frage kommen. Das können kreative oder alltagsnahe Punkte sein. Du kommst deinen Zielen und Vorstellungen näher, indem du ausschließt, was du für dich nicht möchtest.

Die beschriebenen Tipps können dich auf deinem weiteren Weg unterstützen, wenn du das möchtest. Sie können behilflich sein, über den Tellerrand hinauszublicken und in ungewohnten Bahnen zu denken. Oft kommen dabei interessante Aspekte zum Vorschein, die uns in unserem Alltag gar nicht möglich erscheinen.

Entscheide du selbst, was sich für dich richtig anfühlt, was du ausprobieren möchtest und was nicht.

Zufriedenheit

Frieden und Zufriedenheit sind tief verwurzelte Gefühle der Ruhe und Erfüllung, die aus der Wertschätzung für das Leben entstehen. Um Frieden und Zufriedenheit zu finden, ist es gut, oft Achtsamkeit zu kultivieren, Dankbarkeit zu üben und Aktivitäten nachgehen, die einem Freude bereiten. Das fällt in der Trauer alles sicherlich sehr schwer, aber wir dürfen es immer wieder versuchen, unsere innere Zufriedenheit (wieder-) zu finden, alles ganz langsam und Schritt für Schritt....

Zufrieden sein, heißt, mit sich und seinem Leben im Reinen zu sein, im Hier und Jetzt zu leben, nicht ständig nach mehr streben zu müssen und innerlich ausgeglichen zu sein. Wer innere Zufriedenheit erlangt hat, braucht keinen Luxus und keine Bestätigung von anderen, denn zufriedene Menschen sind sich selbst genug.

Wer hingegen das Gefühl hat, etwas zu versäumen und sich immer mit anderen vergleicht, hetzt dem Glück hinterher, das er nie erreichen kann.

Es liegt an uns, ob wir lieber zufrieden oder unzufrieden sein wollen.

Kleine Tipps auf dem Weg zur Zufriedenheit:

- Sei dankbar, überlege nicht ständig, was du alles nicht hast, sondern sei dankbar für das, was du hast
- Denke positiv

- Finde zu dir selbst; was macht dich aus, was macht dich wirklich glücklich?
- Lache täglich
- Sei und werde aktiv
- Entspanne dich
- Schätze die kleinen Dinge in deinem Leben

*Wer zufrieden mit sich ist,
kann sich selbst ein Leuchtturm sein*

In der Trauerbewältigung Hilfe in Anspruch nehmen

Die Gefühle wollen entknotet werden, denn die Trauer tut unendlich weh – es fühlt sich an, als wäre man vom Leben abgeschnitten, mitgestorben. Jeder Mensch hat die Fähigkeit, mit Verlust umzugehen. Aber manchmal will das vielleicht nicht klappen, denn es ist zu viel Schmerz da, dann ist eine Trauerberatung zu empfehlen. Hilfe annehmen tut gut. Akzeptanz kann zu einem elementaren Schritt werden.

Vielleicht hast du auch das Gefühl, mit deiner Trauer alleine gelassen und selbst von geliebten Menschen nicht richtig verstanden zu werden.

Du bist auf der Suche nach dir selbst.

Scheue dich auf keinen Fall davor, auch professionelle Hilfe in Anspruch zu nehmen und dich an einen Psychologen oder Psychotherapeuten zu wenden. Der Hausarzt kann dich dabei sicherlich unterstützen.

Wie Angehörige/Freunde Trauernde unterstützend helfen können

Dieser Abschnitt ist für Menschen gedacht, die dem Trauernden gerne behilflich sein möchten. Hat etwa ein lieber Mensch in deinem Umfeld einen schweren Verlust erlitten, kann es oftmals herausfordernd sein, mit der neuen Situation umzugehen. Oft fühlt man sich hilflos und weiß nicht was man sagen oder tun kann. Was ist die beste Unterstützung?

Höre dem Betroffenen einfach zu - sei da und gehe auf ihn zu

Interessiere dich für seine Erinnerungen an den Verstorbenen, auch wenn sich die Erzählungen wiederholen. Sei geduldig und schenke ihm deine volle Aufmerksamkeit. Sei einfach da!

Unternehmungen vorschlagen

Manche Trauernde sind sehr dankbar über etwas Abwechslung und andere haben keinerlei Lust auf gemeinsame Ausflüge, welcher Art auch immer. Nur die Betroffenen selbst wissen, was zu welchem Zeitpunkt das Richtige ist. Unternehmungen können willkommen sein, dürfen aber nicht aufgedrängt werden.

Nehme Abweisungen nicht persönlich

Manche Menschen möchten in ihrer Trauerphase nicht alleine sein, andere benötigen viel Ruhe. Es ist wichtig, zu respektieren, wenn dir jemand zu verstehen gibt, dass er gerade nicht sprechen möchte oder auch die Hilfe ablehnt. Bitte nicht persönlich nehmen!

Geduld haben

Jeder braucht unterschiedlich lange, um die Situation zu verarbeiten. Habe daher Geduld mit dem Trauernden. Stelle keine Erwartungen an ihn.

Gesten sagen mehr als Worte

Oft ist es nicht leicht, die richtigen Worte zu finden. Kleine Gesten haben große Bedeutung: Trauerende einfach mal umarmen, eine spontane Einladung oder mal ein kleines Präsent, wie z. B. Blumen.

Plattitüden vermeiden

Sätze wie: „Die Zeit heilt alle Wunden oder „Alles wird wieder gut" sollte man besser vermeiden. Diese Sätze reden die Trauer klein und entwerten sie; damit allerdings auch die Verbindung, die der oder die Betroffene noch zu der geliebten Person hat. Plattitüden verletzen eher als das sie helfen oder trösten.

Biete dem Trauernden deine Hilfe an

Viele Menschen benötigen vor allem in der ersten Zeit Hilfe bei alltäglichen Aufgaben. Oft fehlt ihnen die Energie, die Dinge selbst zu erledigen, weil sie wie gelähmt sind oder sie waren es evtl. auch gewohnt, dass der verstorbene Partner gewisse Aufgaben übernimmt.

Dem Trauernden fällt es oft schwer, auf andere Menschen zuzugehen und um Hilfe zu bitten – b ete daher deine Hilfe an.

Ermutige den Trauernden zu professioneller Hilfe

Wenn du merkst, dass der Trauernde mit der Situation überfordert ist und seinen Alltag nicht mehr alleine bewältigen kann oder sich dauerhaft in dem Zustand der Trauer befindet, ermutige ihn, professionelle Hilfe in Anspruch zu nehmen (z. B. Psychologen, Selbsthilfegruppe, Trauergruppe, Trauercafé).

Trauernde brauchen keine Ratschläge.
Was sie wirklich brauchen:
Hände, die sie halten,
Ohren, die ihnen zuhören,
und Herzen, die sie verstehen.

– KAPITEL 4 –

Wenn Trauer Liebe ist

gehen wir einen für uns ganz bestimmten heilsamen Weg, auf dem wir Antworten auf unsere ganz persönlichen Fragen erhalten.

Gibt es ein Leben nach dem Tod?

Wir alle möchten gerne wissen, was nach dem Tod mit uns passiert und was uns erwartet. Auch würden wir natürlich allzu gerne wissen, was mit unseren Verstorbenen ist. Wo genau sind sie hingegangen, wie geht es ihnen und wie leben sie, wenn es das Leben nach dem Tod gibt....

Es gibt genügend Literatur, die über Sterbeforschung berichtet, das Leben nach dem Tod beleuchtet oder Nahtoderlebnisse erzählt. Und sicherlich sind diese Werke für uns sehr hilfreich für eine gewisse Zeit. Sie sind Strohhalme, an die wir uns halten, wenn wir sie brauchen. Aber sind nicht gerade wir, du und ich, die besten Forscher in unserem eigenen Leben und wissen wir nicht selbst ganz genau, was ist und was nicht. Unsere Verstorbenen SIND, das wissen wir in unserem Herzen. Und gibt uns nicht unsere Liebe die besten Antworten auf unsere Fragen? Unser Herz kennt die Liebe, auch wenn es manchmal gar nicht so scheint. Unser Verstand verbietet uns oft, unsere Gefühle wirklich wahrzunehmen und er ist oft so viel lauter als unser Herz, das gerne gehört werden möchte.

Wenn wir in dieses Herz hineinhören, spüren wir weiterhin die verbindende Liebe, wir wissen, der Mensch, der uns so unendlich wichtig ist, lebt, auch wenn wir das nicht belegen können. Das brauchen wir auch gar nicht, es ist unser Geheimnis, das wir in uns bewahren dürfen, genauso wie die Erfahrungen und Erlebnisse, die wir nach einem Verlust erleben. Es sind die Zeichen, manchmal ganz klitzeklein, die uns Hinweise auf die unendliche Existenz geben, die uns ganz deutlich zu verstehen geben: Ich bin bei dir, egal was geschieht. Ich stehe hinter dir, vor dir, unter dir, über dir, egal was du machst und ich liebe dich, bis in alle Ewigkeit.

Das Leben und der Tod haben einen Sinn

Einen nahen Menschen zu verlieren, bedeutet Schmerz. Dieser unvorstellbar große Schmerz kann ein Auslöser für uns sein, ganz viel über den Tod und das Leben zu lernen. Wie viele Menschen sterben mit einem Lächeln auf den Lippen, sie gehen oft mit einer Freude. Und auch wir dürfen uns freuen.

Aber oft sind wir gedanklich so sehr mit dem irdischen Leben verbunden, mit unseren Problemen und Nöten, sodass wir das eigentliche Leben gar nicht wahrnehmen können. Natürlich dürfen wir traurig sein, dürfen und sollen wir trauern, aber das sollte unser eigenes Leben nicht behindern oder einschränken. Der Tod ist oft auch ein Beginn, das eigene Leben selbst zu leben. Der Tod ist nichts Schlimmes. Der Tod ist völlig normal und alltäglich. Jeden Tag sterben viele Menschen, genauso wie jeden Tag viele Menschen geboren werden. Der Tod gehört zum Leben dazu. Wir werden geboren, leben und sterben danach. Der Tod – das betrifft jeden. Warum sprechen wir nicht darüber? Warum weiß niemand wirklich über den Tod Bescheid? Was bei einer Geburt passiert, das wissen wir alle. Was passiert, wenn jemand stirbt?

Wie wir mit dem Tod umgehen, das können wir uns aussuchen. Wir können den Verlust beklagen, aber wir dürfen auch dankbar für alles Erfahrungen und für das Schöne sein, auch wenn wir das im Moment vielleicht nicht erkennen können. Der Sinn des Lebens ist, das Beste daraus zu machen. Das machen wir auch so, bis zum Schluss. Und wenn ein Mensch von uns geht – ganz jung oder alt, hat dieser Mensch die ganze Zeit sein Bestes gegeben. Darüber dürfen wir uns freuen. Wir dürfen dankbar dafür sein, was wir von ihm gelernt haben, für die Freude, die wir teilen durften und für die schöne gemeinsame Zeit, auch wenn sie vielleicht auch ganz kurz war. Die Erinnerung lebt weiter in uns.

Oft ist der Schmerz über den Verlust die Tabuisierung des Todes in unserer Gesellschaft. Es ist die Unsicherheit, was der Tod wirklich bedeutet: Das Ende eines irdischen Lebens, das nichts mit mir oder dir zu tun hat, sondern nur mit dem Betreffenden. Der Sinn des Lebens liegt in jedem Menschen selbst. Dabei ist es gleichgültig, wie lange er gelebt hat, was er erreicht hat und auf welche Weise er aus dem Leben scheidet. Auf jeden Fall hat dieser Mensch seinen Lebenssinn erfüllt.

Egal, ob wir das verstehen oder nicht. Und das....das hat überhaupt nicht mit mir zu tun. Und wir dürfen sicher sein, Hinweise zu bekommen und die Gewissheit fühlen zu dürfen, dass die Liebe zu unserem Verstorbenen ungetrübt bleibt.

Unser Leben ist ein Fest an allen Tagen unseres Lebens. Wir dürfen glücklich sein mit der Gewissheit: Nichts, aber auch gar nichts im Leben und Sterben ist umsonst oder sinnlos. Auch die so banal erscheinenden Dinge des Lebens haben eine umfassende Bedeutung für uns und auch für unsere Umwelt. Unser Bewusstsein kann die Unendlichkeit nicht fassen, denn schließlich und endlich leben wir auf der Erde. Aber auch der Blick zum Himmel, in die Weite des höheren Seins gehören zu unserem Leben. Auf das gute Gleichgewicht, auf eine Verwurzelung im Hier und Jetzt und das Verbundensein mit dem Himmel kommt es an.

Wir gehen unseren Weg mit unseren Erlebnissen und Erfahrungen, der entsteht, indem wir ihn mit allen seinen Stationen gehen, die er für uns bereithält. Und das Wunderbare daran: Wir dürfen diesen Weg glücklich und mit Freude beschreiten, immer und überall, auch und gerade bei den Ereignissen und Geschehnissen, die uns im ersten Moment erschrecken, die uns traurig stimmen oder uns Angst machen.

Wie ein Mosaik setzt sich unser Leben zusammen, jeder kleinste Stein führt uns zu unserer Vollendung. Und was wir heute vielleicht nicht verstehen, werden wir später als unsere Bestimmung ausmachen können.

Was geschieht, wenn wir sterben?

Sterben geschieht auf verschiedenen Ebenen. Wir dürfen uns das gerne auch bildlich vorstellen. Jeder Mensch hat da seine ganz eigene Vorstellung und Meinung und jeder hat auch seine eigenen Bilder und Worte. Es gibt kein Richtig oder Falsch. Auch kommt es nicht darauf an, ob man einer Konfession angehört oder nicht. Es gibt nur ein eigenes Empfinden, Spüren, Sehen und Hören. Und wie es letztendlich ist, können wir selbst erleben, wenn unsere Zeit gekommen ist. So könnte es sein:

Der Körper stirbt – ganz egal wie – das geschieht auf der körperlichen Energieebene. Der Tod sucht sich eine Ursache.

Unsere Seele tritt aus dem Körper und wird freigegeben – das geschieht auf der psychischen Energie-Ebene. Der Verstorbene hat keinerlei Schmerzen mehr. Dabei wird er wichtige Dinge erleben, die er wissen muss, damit er keine Angst vor dem Tod hat. In dem Moment, wo Atem, Hirn und Puls ausfallen, verlässt er seinen Körper und wird von psychischer Energie getragen, die von Raum und Zeit unabhängig ist und keine Bedeutung mehr haben. Der Verstorbene ist ganz. Niemand stirbt allein, sondern wird von vorausgegangenen tief verbundenen Seelen/Engeln begleitet und abgeholt. Sie sind schon dabei, wenn der Körper sich von der Erde löst.

Bevor wir dann eine Form in der Ewigkeit annehmen, die wir uns immer gewünscht haben – das hat etwas mit unserem irdischen Leben zu tun, was wir geliebt haben, wie wir gelebt haben – gehen wir sinnbildlich zu unserem ganz individuellen Übergang. Die einen kommen zu einem Tor, die anderen gehen über eine Brücke oder durchschreiten einen Tunnel zu einem unendlichen Licht. Der Verstorbene darf sein ganzes Erdenleben nochmals betrachten, und zwar vom ersten Tag bis zum Tag des Todes. Jeder kommt auf seine Weise an – keine Seele geht verloren.

Das Leben anschauen und annehmen

Die Trauer hat viele Gesichter und nicht nur Hinterbliebene sind betroffen. Auch das Verlieren von Arbeit, von Partner und Familie, von Wohnung und Heimat, von geistigen und körperlichen Fähigkeiten, von geliebten Tieren oder Gegenständen, von Religion und von seelischer Geborgenheit bedeutet Verlust. Kranke, junge, alte, verlassene, sterbende Menschen haben eines gemeinsam: Sie befinden sich im Prozess des Loslassens. Die Möglichkeiten, auf diese Lebenssituationen zu reagieren sind unterschiedlich, doch ist bei allen ein gleiches Grundgefühl: die Trauer. Und Trauer ist die Antwort des Herzens auf jeden tiefen Verlust. Das Leben hat sich verändert, so viel ist plötzlich anders. Die neuen Umstände bringen Neues, Fremdes und damit Unsicherheit mit sich.

Trauer bedeutet oft, den Boden unter den Füßen zu verlieren. Wir fühlen uns heimatlos, allein, verlassen und leer. Und die Nähe, die wir eigentlich so sehr brauchen, können wir nur schwer zulassen. Wir sind entwurzelt und wissen nicht mehr, wo unser Zuhause ist. Dabei sehnen wir uns so sehr nach dem, was uns entrissen scheint. Unsere Heimat finden wir nur in uns selbst und wir dürfen uns in unserem eigenen

Tempo auf die Suche nach ihr machen. Was uns dorthin begegnet, wird uns sicherlich nicht immer leicht fallen, es wird Rückschritte geben, wir werden vielleicht ein Stück von uns zurücklassen, aber es gibt auch die Schritte nach vorne, die schließlich und endlich das Entscheidende sind. Wir sind aufgefordert, genauer hinzuschauen und das, was gewesen ist, anzunehmen, als das, was für uns nun einmal bestimmt ist. Es sind für uns genau diese Erfahrungen und Erkenntnisse notwendig, um der Mensch zu werden, der wir sind. Alles darf sich in Liebe und Dankbarkeit verwandeln.

Und die Zerrissenheit, die wir in unserem Inneren spüren, darf zu einem tiefen Frieden in uns werden. Das geschieht meist langsam und wir dürfen Geduld mit uns haben, denn unsere Wunden sind sehr tief.

Unseren freien Willen haben wir geschenkt bekommen und wir können selbst entscheiden, wie wir unsere Energien gebrauchen – positiv oder negativ. Das ist auch nach dem irdischen Leben der Fall, denn Energie hört niemals auf. Es liegt weiterhin in unserer alleinigen Entscheidung, wie wir leben möchten, im Leben, im Sterben und darüber hinaus.

Natürlich haben wir nicht alles in der Hand.

Aber wir dürfen lernen, das Leben anzunehmen. Bei der Rückschau, am Ende unseres irdischen Lebens, werden wir erkennen dürfen, wer für unser Leben verantwortlich gewesen ist, nämlich wir selbst. Dann wissen wir, dass wir bei unseren schwersten Lebensprüfungen die Möglichkeit bekommen haben, zu wachsen. Und wir dürfen selbst entscheiden, ob wir das wollen oder nicht.

Wir sind unseres Glückes Schmied. Das sind wir jetzt und dürfen heute – ja genau heute und jetzt - schon reflektieren, schmieden, wachsen, lernen und uns führen lassen.

Vergeben

Wenn wir bereit sind, den Schmerz zu betrachten und anzunehmen, sind wir auch bereit, zu vergeben, auch uns selbst! Oftmals sind es nach unserer Meinung Menschen, die uns Schmerzen zugefügt haben. Wir sprechen dann auch von der Schuld, die aus unserem Ego entspringt, aber Schuld existiert nur in unserer Vorstellung und ist nicht Wirklichkeit. Wirklichkeit ist die bedingungslose Liebe. Erst dann sind Hass, Schuldzuweisungen und destruktive Gedanken Fremdwörter.

„Ich vergebe mir selbst und dem anderen und werde frei."

Stehenlassen

Manchmal fällt Vergebung und Versöhnung schwer, dann darf man versuchen, das, was gewesen ist, stehenzulassen und weiterzugehen.

Leben im Hier und Jetzt

Leuchtende Gedanken führen ins Herz. Wenn wir uns bei negativen Gedanken ertappen und sie erkennen, dürfen wir sie abgeben – an Gott oder an die Erde – und sie können sich auflösen. Nichts, aber auch gar nichts, können wir festhalten. Lebe im Hier und Jetzt! Die Gegenwart ist entscheidend.

„Die Dinge loszulassen bedeutet nicht, sie loszuwerden. Sie loslassen bedeutet, dass man sie sein lässt."

Hilfreiche Sätze können für dich sein (*müssen* aber nicht!):

- *Ich werde loslassen, ich werde dich sein lassen, dich selbst sein lassen.*
- *Ich lasse in Liebe los.*
- *Ich werde dem Verlauf der Trauer Zeit geben. Ich werde mir die Zeit geben, die ich benötige. Ich setze mich nicht unter Druck und weiß, die Zeit des Loslassens kommt.*
- *Ich werde lernen, was es bedeutet, Schmerz zu überwinden – werde lernen, mich nicht zu klammern, sondern werde in Freiheit genießen.*
- *Ich lasse los und verharre nicht in einer Situation, die mir seelisch und körperlich schadet und mich darin hindert, meine Fähigkeiten auszuschöpfen und zu leben.*

Abschiede bewusst erleben – aus der Praxis

Das Thema Abschied betrifft uns alle und wir werden – wie schon im vorherigen Text beschrieben – immer wieder in unserem Leben damit konfrontiert. Abschiede gehören zum Leben dazu, so wie auch immer wieder aufstehen und neu beginnen. Abschiede sind allerdings schmerzlich und so reagieren wir oft mit Abwehrmechanismen. Oft fangen wir an, zu verdrängen, uns abzulenken, was sicherlich für eine Zeitlang auch sinnvoll sein kann.

Bei langfristig verdrängter Trauer können allerdings psychosomatische Symptome, wie Konzentrationsstörungen, Kopfschmerzen, Schlaflosigkeit, Verdauungsprobleme, starke Müdigkeit, Magenbeschwerden, Rücken- und Gliederschmerzen, Zittern, Niedergeschlagenheit etc. auftreten. Und es ist sehr schwer, diese Form der Trauer zu erkennen. Dass der Körper die verdrängten Gefühle durch Krankheitsbilder kompensiert, ist in den meisten Fällen den Betroffenen gar nicht klar. Wenn dies allerdings erkannt wird, ist eine professionelle Unterstützung von Psychotherapeuten oder Psychologen sehr zu empfehlen. Es geht darum, sich den Erfahrungen und den Gefühlen um den Verlust des Verstorbenen bewusst zu stellen und in die neue Lebenssituation zu integrieren, denn sonst wird der Betroffene früher oder später von seiner Vergangenheit eingeholt werden.

Wenn sich Trauernde den einzelnen Phasen der Trauer nun stellen und den Abwehrmechanismen bewusst werden, sie nicht mehr wegschauen, können Abschiede durchlebt werden; sie können eine Gesundung an Körper und Seele erfahren und mit neuem Mut weitergehen. Eine Rückkehr ins alltägliche Leben kann erfolgen. Auch wenn der Schmerz über den Tod des Verstorbenen bestehen bleibt, nimmt doch seine Intensität ab. Und Trauer ist eben keine klar abgrenzbare Phase, die man überwindet. Sie hat kein exaktes Ende. Oft verändert sich zwar die Bindung, aber es besteht eine weitergehende innere Bindung, die für viele Trauernden auch wichtig ist.

Aus der Praxis:

Ein 37jähriger Mann überlebt einen schweren Verkehrsunfall, aber sein Vater stirbt bei diesem Unfall. Dieser Verlust stellt ein dramatisches Erlebnis für den Mann dar. Er fühlte sich mit seinem Vater sehr verbunden. Schuldgefühle plagen ihn. Nach außen funktioniert er weiter und lässt sich so gut wie nichts anmerken.

Im Laufe der Zeit nehmen bei ihm körperliche, aber auch psychische Beschwerden zu. Er hat Rückenschmerzen, die in die Arme und Beine ziehen, leidet oft unter Kopf- und Verdauungsstörungen. Er ist müde und fühlt sich sehr niedergeschlagen. Nachdem die Schmerzen nicht aufhören, geht er endlich zum Arzt – mit dem Verlust des Vaters bringt er die Krankheits-Symptome nicht in Verbindung. Sein Hausarzt kann keine körperliche Ursache für die Beschwerden finden. Da der Patient dem Arzt schon lange bekannt ist, reagiert dieser genau richtig. Er vermutet hinter den Beschwerden eine psychosomatische Ursache – die unbewältigte Trauer um den Vater. Der Hausarzt überweisst den Mann an einen Psychologen. Dies war die richtige Entscheidung, denn wie sich herausstellte, war der unverarbeitete Verlust der Auslöser für die vielfältigen Beschwerden des 37jährigen. In einer langjährigen Psychotherapie konnten die körperlichen und seelischen Beschwerden nach und nach aufgelöst werden.

Jeder Mensch trauert individuell und aus meiner langjährigen Erfahrung als Trauerbegleiterin kann ich sagen, dass es für diesen Weg kein Patentrezept gibt. Angeleitete Trauercafés, in denen zusammen gesprochen und getrauert wird sowie ein Austausch stattfindet, kann eine sinnvolle Trauerbewältigung im Alltag sein; oft sind Gemeinsamkeiten oder Gegensätzlichkeiten zu entdecken – der Schmerz verbindet trauernde Menschen.

Oft kommen Angehörige zu mir und möchten einen Rat, wie sie ihren trauernden Angehörigen behilflich sein können. „Dasein", „Mitfühlen" (nicht Mitleiden), „Mitgehen", „Zuhören" ist meine Antwort (siehe Kapitel: „Wie Angehörige Trauernden unterstützend helfen können). Trauernde müssen (nicht gleich, aber irgendwann) durch den Schmerz hindurch gehen, so schwer das auch ist; nur ein „darauf Einlassen" wird uns wieder ins Gleichgewicht bringen – diese Aufgabe wird mit liebenden Menschen erträglicher.

Zu mir kam eine Großmutter, die gerade ihr zweites Enkelkind – ein Sternenkind – verloren hatte. Der Schmerz in der Familie war unendlich groß. Die Frau suchte Rat für die Eltern und für sich. Sie konnte nach einigen Gesprächen Hoffnung und Mut schöpfen und für sich den richtigen Trauerweg finden. Oft bedarf es vieler Monate oder Jahre, bis ein akzeptabler Umgang mit dem Verlust gefunden werden kann. Und viele Menschen trauern ein Leben lang. Wenn man die Trauer in sein Leben integriert, ist das völlig Ordnung. Das kann z. B. so aussehen: Ich nehme mir zu einer bestimmten Uhrzeit am Tag die Zeit zum Trauern.

Eine therapeutische Unterstützung ist in vielen Fällen ratsam, vor allem, wenn kein Trost zu finden ist. Wir dürfen und sollen uns Hilfe von außen holen; eine professionelle Unterstützung kann neue Perspektiven und Wege aufzeigen, wenn wir in eine Sackgasse geraten sind. Sich Hilfe holen, ist eine Stärke!

Licht und Dunkel gehören zu jedem Leben dazu und gerade die Dunkelheit bringt viel Verwandlung, wenn wir das zulassen. Schwere Zeiten fordern uns heraus; und wenn wir durch sie hindurchgehen, können wir gewachsen und umso stärker und gefestigter aus ihnen hervorgehen.

– KAPITEL 5 –

Kurzgeschichten in der Trauer

Es ist möglich, dass es uns in der Trauer schwerfällt, umfangreiche Bücher und lange Texte zu lesen, weil wir das gerade nicht können und uns vielleicht auch nicht so gut konzentrieren können. Hilfreich sind kleine Kurzgeschichten und Verse mit Bildern, die uns unterstützend zur Seite stehen und uns in unserer Trauer nicht überfordern.

Über die Liebe

„Ich fürchte mich, denn ich bin allein!"
bebte die Angst.
„Ich gehe mit dir!"
erwiderte das Leid.
„Ich hülle dich in meinen Mantel!"
flüsterte die Schwermut.
„Ich küsse dich tausendmal!"
brannte die Enttäuschung.
„Ich jage dich auf allen Wegen der Erde!"
höhnte die Unrast.

„Ich versenge dir die Flügel!"
weissagte die Einsamkeit.
„Ich zertrete dir das Herz!"
gellte die Untreue.
„Ich lösche dich aus!"
drohte der Tod.
Dann trat die Liebe in den Kreis:
„ICH ÜBERWINDE EUCH ALLE!"
sprach sie leise.

(unbekannt)

Der Brückenbauer

„Du hast einen schönen Beruf", sagte das Kind zum alten Brückenbauer, „doch es muss schwer sein, Brücken zu bauen."

„Wenn man es gelernt hat, ist es leicht", sagte der alte Brückenbauer, „es ist leicht, Brücken aus Beton und Stahl zu bauen.
Die anderen Brücken sind sehr viel schwieriger, die baue ich in meinen Träumen."

„Welche anderen Brücken?" fragte das Kind.

Der alte Brückenbauer sah das Kind nachdenklich an. Er wusste nicht, ob es verstehen würde.

Dann sagte er: „Ich möchte eine Brücke bauen von der Gegenwart in die Zukunft.

Ich möchte eine Brücke bauen von einem zum anderen Menschen, von der Dunkelheit in das Licht, von der Traurigkeit zur Freude.

Ich möchte eine Brücke bauen von der Zeit zur Ewigkeit über alles Vergängliche hinweg."

Das Kind hatte sehr aufmerksam zugehört.

Es hatte zwar nicht alles verstanden, spürte aber, dass der alte Brückenbauer traurig war. Weil es ihm eine Freude machen wollte, sagte das Kind:

„Ich schenke dir meine Brücke."

Und das Kind malte für den Brückenbauer einen bunten Regenbogen.

(Verfasser unbekannt)

Ein schwedisches Waldmärchen

An einem schönen Sommertag war mittags eine Stille im Wald eingetreten. Die Vögel steckten ihre Köpfe unter die Flügel. Alles ruhte.

Bis auf den Buchfinken, der fragte: „Was ist das Leben?" Alle überlegten. Eine Rose entfaltete ihre Knospe, sie schob Blatt für Blatt heraus, und sprach: „Das Leben ist eine Entwicklung."

Der Schmetterling flog lustig von einer Blume auf die andere, naschte da und dort, und sagte: „Das Leben ist voller Freude und Sonnenschein."

Am Boden schleppte eine Ameise einen Strohhalm, der zehnmal länger als sie selbst war, und sagte: „Das Leben ist nichts als Mühe und Arbeit."

Geschäftig kam eine Biene von einer honighaltigen Blume zurück, und meinte: „Das Leben ist ein Wechsel von Arbeit und Vergnügen."

Der Maulwurf streckte seinen Kopf aus der Erde und sagte: „Das Leben ist ein Kampf im Dunkel."

Die Elster, die selbst nichts weiß und nur vom Spott der anderen lebt, meinte: „Was Ihr für weise Reden führt! Man sollte meinen, was Ihr für gescheite Leute seid!"

Es hätte nun einen großen Streit gegeben, wenn nicht ein Regen eingesetzt hätte, der sagte: „Das Leben besteht aus Tränen." Dann zog er zum Meer.

Dort brandeten Wogen. Sie warfen sich gegen die Felsen, kletterten daran in die Höhe und warfen sich mit Kraft ins Meer zurück, und stöhnten: „Das Leben ist ein vergebliches Ringen nach Freiheit."

Über ihnen zog majestätisch ein Adler seine Kreise, der frohlockte: „Das Leben ist ein Streben nach oben."

Nicht weit davon stand eine Weide, die hatte der Sturm zur Seite geneigt. Sie sprach: „Das Leben ist ein Sich-Neigen unter eine höhere Macht."

Dann kam die Nacht. Im lautlosen Flug glitt ein Uhu durchs Geäst und krächzte: „Das Leben heißt, die Gelegenheit zu nutzen, wenn die anderen schlafen." Schließlich wurde es still im Wald.

Nach einer Weile ging ein Mann durch die menschenleeren Straßen nach Hause. Er kam von einer Lustbarkeit, und sagte: „Das Leben ist ein ständiges Suchen nach Glück und eine Kette von Enttäuschungen."

Auf einmal flammte die Morgenröte in ihrer vollen Pracht auf, und sprach: „Wie ich, die Morgenröte, der Beginn des kommenden Tages bin, so ist das Leben der Anbruch der Ewigkeit."

Das perfekte Herz

Ein junger Mann stand mitten in der Stadt und erklärte, dass er das schönste Herz im ganzen Tal habe. Eine Menschenmenge versammelte sich und alle bewunderten sein Herz. Es war perfekt. Es gab keinen Fleck oder Fehler in ihm.

Alle gaben ihm Recht, es war das schönste Herz, das sie je gesehen hatten. Der junge Mann war stolz und prahlte laut.

Plötzlich tauchte ein alter Mann auf und sagte: „Dein Herz ist nicht annähernd so schön wie meines." Die Menschenmenge und der junge Mann schauten das Herz des Alten an. Es schlug kräftig, aber war voller Narben.

Es hatte Stellen, wo Stücke entfernt und durch andere ersetzt worden waren. Aber sie passten nicht richtig, und es gab ausgefranste Ecken ... an einigen Stellen waren Furchen, in denen ganze Teile fehlten. Die Leute starrten ihn an und dachten: Wie kann er behaupten, sein Herz sei schöner?

Der junge Mann schaute auf des alten Mannes Herz und lachte: „Du musst scherzen, dein Herz mit meinem zu vergleichen", sagte er. „Meines ist perfekt. deines ist ein Durcheinander aus Narben und Tränen."

„Ja", sagte der Alte, „deines sieht perfekt aus, aber ich würde niemals mit dir tauschen. Denn: Jede Narbe steht für einen Menschen, dem ich meine Liebe gegeben habe. Ich reiße ein Stück meines Herzens heraus und reiche es ihnen, und oft geben sie mir ein Stück ihres Herzens, das in die leere Stelle meines Herzens passt.

Aber weil die Stücke nicht genau passen, habe ich raue Kanten, die ich sehr schätze, denn sie erinnern mich an die Liebe, die wir teilten.

Manchmal habe ich auch ein Stück meines Herzens gegeben, ohne dass mir der andere ein Stück seines Herzens zurückgegeben hat. Das sind die leeren Furchen.

Liebe geben heißt auch Risiko einzugehen. Auch wenn diese Furchen schmerzhaft sind, erinnern sie mich an die Liebe, die ich für diese Menschen empfand. Ich hoffe, dass sie eines Tages zurückkehren und den Platz ausfüllen. Erkennst du jetzt, was wahre Schönheit ist?"

Der junge Mann stand still da. Tränen rannen über seine Wangen. Er ging auf den Alten zu, griff nach seinem perfekten, jungen Herzen und riss ein Stück heraus. Er bot es dem alten Mann mit zitternden Händen an.

Der Alte nahm das Angebot an und setzte es in sein Herz. Er nahm dann ein Stück seines vernarbten Herzens und füllte damit die Wunde in des jungen Mannes Herzen. Es passte nicht perfekt, da es ausgefranste Ränder hatte.

Der junge Mann sah sein Herz an, nicht mehr perfekt, aber schöner als je zuvor, denn er spürte die Liebe des alten Mannes in sein Herz fließen. Sie umarmten sich und gingen fort, Seite an Seite.

Die Geburt des Schmetterlings

Ein Wissenschaftler beobachtete einen Schmetterling, und sah, wie sehr sich dieser abmühte, durch das enge Loch aus dem Kokon zu schlüpfen. Stundenlang kämpfte der Schmetterling.

Da bekam der Wissenschaftler Mitleid. Er holte ein Messer und weitete das Loch im Kokon, damit sich der Schmetterling leichter befreien konnte.

Der Schmetterling entschlüpfte schnell und leicht. Doch was der Mann sah, erschreckte ihn: Der Schmetterling war ein

Krüppel. Die Flügel waren kurz, und er konnte nur flattern, nicht fliegen.

Da ging der Wissenschaftler zu seinem Freund, einem Biologen, und fragte diesen: „Warum sind die Flügel so kurz und warum kann dieser Schmetterling nicht fliegen?"

Der Biologe fragte ihn, was er denn gemacht hätte. Da erzählte der Wissenschaftler, dass er dem Schmetterling geholfen hatte, leichter aus dem Kokon zu schlüpfen.

„Das war das Schlimmste, was du tun konntest! Denn durch die enge Öffnung ist der Schmetterling gezwungen, sich hindurch zu drücken. Erst dadurch werden seine Flügel aus dem Körper herausgequetscht. Und wenn er dann ganz ausgeschlüpft ist, kann er fliegen.

Wie du ihm geholfen hast und ihm Schmerz ersparen wolltest, hast du ihm zwar kurzfristig geholfen, aber langfristig zum Krüppel gemacht."

Wir brauchen manchmal den Schmerz, um uns entfalten zu können. Deshalb ist die Not oft notwendig – eine Entwicklungschance, die wir nutzen können.

Zwei Bäume im Park

Zwei große Bäume stehen dicht beieinander in einem Park. Sie kennen sich schon seit frühester Jugend. Die Äste des einen Baumes ragen in die Krone des anderen. Beide haben sich gegenseitig hervorragend einander angepasst. Im Frühjahr entfalten sich zur gleichen Zeit die ersten Blätter. Da, wo die einen Äste sich weiter ausdehnen, hält sich der andere Baum zurück. Beide nehmen Rücksicht aufeinander. Im Herbst machen sich beide für den Winter bereit.

Sie schützen sich gegenseitig vor starkem Wind. Der eine Baum gewährt dem anderen Schatten.

Sie holen sich aus dem Boden ihr Wasser und teilen es sorgfältig. So haben sich beide gemeinsam entwickelt, sind alt geworden und haben schon viele Jahresringe gemeinsam aufgebaut.

Eines Tages schlägt der Blitz in einen der Bäume ein und fällt diesen. Er wird wortlos von Waldarbeitern abtransportiert. Der andere Baum bleibt alleine zurück. Er kann einfach nicht glauben, dass sein geliebter, treuer Nachbar nicht mehr da sein soll. Wo sie sich doch für den nächsten Winter schon so viel vorgenommen hatten. Er wünscht, einfach nur einen bösen Traum geträumt zu haben, und morgen nach dem Aufwachen sei alles wieder in Ordnung. Doch am nächsten Morgen ist er immer noch allein. Er schaut suchend umher, doch er kann seinen Nachbarn nirgendwo entdecken. Er fühlt sich nackt und hilflos. Jetzt erst wird ihm bewusst, dass er all die Jahre vom anderen Baum Schutz geboten bekommen hatte. Er bemerkt, dass er auf der Seite, die dem anderen Baum zugewandt war, schwächer entwickelt ist. Die Äste sind kürzer und weniger dicht mit Blättern übersät. Ja, er muss sogar aufpassen, sich nicht nach der anderen Seite zu neigen und umzufallen. Der Wind fährt ihm garstig in die schwache Seite.

Wie schön wäre es doch, wenn sein Nachbar noch da wäre. Er beginnt zu hadern, warum der Blitz ausgerechnet in seinen Nachbarn einschlagen musste. Es gibt doch noch mehr Bäume im Park. Er hat Angst vor dem langen, harten Winter, den er jetzt alleine durchstehen muss. Er seufzt und fühlt sich sehr einsam.

Warum konnte der Blitz denn nicht sie beide treffen? Nie mehr würde er so einen Nachbarn finden, mit dem er alles teilen könnte. Nie mehr könnten er und sein Nachbar über gemeinsame schöne Stunden sprechen, die sie beide erlebt hatten. Hätte er am Ende seine Äste weiter zu seinem Nachbarn hinstrecken sollen, dass der Blitz auch ihn hätte treffen können? So quält er sich mit Schuldgefühlen, Ängsten und Verzweiflung. Die Sonne scheint wie immer und sendet ihre wärmenden Strahlen, doch er verspürt sie nicht. Es wird Winter und er verbringt die Zeit alleine.

Er überlegt, ob dies wohl der Sinn des Lebens sei.

Eines Nachts, als er wieder einmal grübelte, kam ihm die Idee, dass er sich im nächsten Frühjahr sehr anstrengen könnte, besonders die Äste seiner schwachen Seite wachsen zu lassen. Er könnte versuchen, die leeren Stellen, die der Nachbar mit seinen Ästen ausgefüllt hatte, zu füllen. Er hatte jetzt mehr Platz, sich auszubreiten. Er musste keine Rücksicht mehr nehmen und hatte Nahrung für zwei.

So begann er, all seine Energien darauf zu verwenden, die Lücke, die sein Nachbar hinterlassen hatte, allmählich auszufüllen. Ganz vorsichtig ließ er neue Äste wachsen. Es dauerte, aber er hatte ja Zeit. Und manches Mal war er sogar ein klein bisschen stolz darauf, alleine gegen die Kälte und die Winde anzukämpfen. Er wusste, dass es nie mehr so sein würde wie früher, aber wenn der Nachbar jetzt noch einmal kommen würde oder gar ein neuer Nachbar, hätte er nicht mehr so viel Platz zur Verfügung wie früher. Eines wusste er genau. Er würde den alten Nachbarn nie vergessen, denn er hatte ja die ersten 50 Jahresringe mit ihm gemeinsam verbracht. Zu jedem Jahresring konnte er gemeinsam erlebte Geschichten erzählen. Zu den letzten drei Jahresringen hatte er zu erzählen, wie er gelernt hat, allein zu leben, seinen Ästen eine neue Richtung zu geben und seinen Platz im Park neu zu gestalten.

Verfasser unbekannt

Von den Wasserkäfern und der Libelle

Am Boden eines kleinen ruhigen Teiches lebte eine Gemeinschaft von Wasserkäfern. Es war eine zufriedene Gemeinschaft, die dort im Halbdunkel lebte und damit beschäftigt war, über den Schlamm am Boden des Teiches hin und her zu laufen und nach etwas Nahrung zu suchen.

Immer wieder bemerkten die Wasserkäfer jedoch, dass der eine oder andere von ihnen anscheinend das Interesse daran verlor, bei ihnen zu bleiben. Er klammerte sich dann an einen Stängel einer Teichrose und kroch langsam daran empor, bis er verschwunden war. Dann wurde er nie wieder gesehen.

Eines Tages, als dies wieder geschah, sagten die Wasserkäfer zueinander: „Da klettert wieder einer unserer Freunde den Stängel empor. Wohin mag er wohl gehen?"

Aber obwohl sie genau zuschauten, entschwand auch dieses Mal der Freund schließlich aus ihren Augen. Die Zurückgebliebenen warteten noch eine lange Zeit, aber er kam nicht zurück.

„Ist das nicht merkwürdig?", sagte der erste Wasserkäfer.

„War er denn hier nicht glücklich bei uns?", fragte der zweite.

„Wo er jetzt wohl ist?", wunderte sich der dritte.

Keiner wusste eine Antwort. Sie standen vor einem Rätsel. Schließlich berief der Älteste der Käfer eine Versammlung ein. „Ich habe eine Idee", sagte er. „Der Nächste, der von uns den

Teichrosenstängel empor klettert, muss versprechen, dass er zurückkommt und uns erzählt, wohin er gegangen ist und warum." „Wir versprechen es", sagten alle feierlich.

Nicht lange danach an einem Frühlingstag, bemerkte genau der Wasserkäfer, der den Vorschlag gemacht hatte, dass er dabei war, den Teichrosenstängel empor zu klettern. Höher und immer höher kletterte er. Und dann, noch bevor er wusste, was ihm geschah, durchbrach er die Wasseroberfläche und fiel auf ein großes, grünes Teichrosenblatt.

Als der Wasserkäfer wieder zu sich kam, blickte er verwundert um sich. Er konnte nicht glauben, was er da sah. Alles war ganz anders und auch sein Körper schien auf merkwürdige Art verändert. Als er ihn neugierig zu betrachten begann, fiel sein Blick auf vier glitzernde Flügel und einen langen Hinterleib, die nun anscheinend zu ihm gehörten. Noch während er sich über seine ungewohnte Form wunderte, spürte er ein Drängen, die Flügel zu bewegen. Er gab dem Drängen nach, bewegte seine Flügel – und plötzlich, ohne zu wissen wie, befand er sich in der Luft.

Der Wasserkäfer war eine Libelle geworden. Auf und ab, in engen und großen Kreisen, bewegte sich die neugeborene Libelle durch die Luft. Sie fühlte sich wunderbar in diesem so ganz andersartigen Element. Nach einiger Zeit ließ sie sich auf einem Blatt zum Ausruhen nieder.

In diesem Moment sah die Libelle hinunter ins Wasser. Und da waren ihre alten Freunde, die anderen Wasserkäfer, die hin und her liefen am Boden des Teiches. Jetzt erinnerte sich die Libelle an ihr Versprechen.

Ohne lange zu überlegen, stürzte sich die Libelle hinab, um ihren alten Freunden zu berichten. Aber sie prallte an der Oberfläche des Wassers ab.

„Ich kann nicht zurück", sagte sie traurig. „Zwar habe ich es versucht, aber ich kann mein Versprechen nicht halten. Und selbst wenn ich zurückkönnte, kein einziger meiner Freunde würde mich in meinem neuen Körper erkennen."

Und nach einigem Nachdenken wurde ihr klar: „Ich muss wohl warten, bis sie ebenfalls Libellen geworden sind. Dann wissen sie selbst, was mir widerfahren ist und wohin ich gegangen bin."

Und damit flog die Libelle glücklich empor, in ihre wunderbare neue Welt aus Licht und Luft.

Verfasser unbekannt

Für immer?

Der kleine Biber und der weise Bär lebten im Wald. Sie halfen sich gegenseitig. Der Bär beschützte den Biber und der Biber unterhielt den Bären mit seinen Späßen. Sie waren glücklich.

Aber der Bär war schon seit längerem krank und dachte immer öfter an seine Bärenfreunde, die schon lange den Weg ins Reich der Bären gegangen waren.

Eines Tages machten die beiden einen Ausflug. Als sie am Ziel ankamen, sagte der Bär: „Dort drüben ist der Bärenfelsen. Hier gehen wir Bären hin, wenn wir alt oder sehr krank sind und unsere Träume leben möchten."

Sie standen vor einer tiefen Schlucht, und auf der anderen Seite konnte man einen riesigen Felsen mit Höhlen sehen.

Der erschöpfte Bär war traurig, denn er erkannte, dass die Brücke zum Felsen zerstört war, und er wusste nicht, wie er auf die andere Seite gelangen konnte.

Aber er hatte noch Zeit zum Überlegen, und vielleicht hatte ja auch sein Freund eine Idee. So gingen sie zurück in den Wald. Auf dem Weg fragte der Biber: „Wirst du dann für immer weg sein?"

„Nein", antwortete der Bär, „wir werden uns zwar für eine längere Zeit trennen, denn dein Weg hier geht noch weiter, und ich gehe ins Reich meiner Ahnen.

Aber wir werden uns in der Ewigkeit wiedersehen, dann für immer."

Der Biber war traurig, weil er schon so viel mit dem Bären erlebt hatte und ihn sehr mochte. Sie waren oft schwimmen gegangen, getaucht, auf Bäume geklettert. Der Bär hatte dem Biber sogar geholfen, einen Damm zu bauen und Fische zu fangen.

Doch der Biber wusste in seinem Inneren, dass der Bär Recht hatte: Sie würden sich wiedersehen.

Das Leben ging weiter. Der Biber kümmerte sich immer mehr um den Bären, der nicht mehr gesund wurde. Er machte ein Feuer und verbrannte Lavendel und Kieferzapfen. Das gab einen schönen Duft. Der Bär freute sich sehr.

Der Biber legte ihm kalte Blätter auf seinen warmen Kopf. Das tat dem Bären gut. Er erzählte ihm Geschichten, kraulte das Fell des Bären und sang ihm Lieder vor. Und er hörte zu, was der Bär ihm erzählte.

Der Biber fing auch jeden Tag Fische für den Bären. Sie lachten gemeinsam und hatten viel Spaß, auch wenn der Bär immer schwächer wurde und keinen großen Hunger mehr hatte. Sie genossen ihre Zeit so gut es ging.

Auch bereitete der Biber eine Überraschung vor. Er wusste vom Bärenfelsen und dem Wunsch des Bären, zu den Höhlen zu gelangen.

Dort drüben würde es dem Bären besser gehen, auch wenn er seinen Freund sehr vermissen würde. Der Biber machte sich an die Arbeit. Indem er die Bäume so lange anknabberte, bis sie über die Schlucht ans andere Ende fielen, baute er dem Bären einen Übergang.

Schließlich kam der Tag, an dem der Bär sagte: „Ich muss nun gehen. Meine letzte Reise hat begonnen. Bringe mich doch bitte zum Waldrand. Auch wenn ich nicht über die Schlucht komme, kann ich hinüberschauen und mich an einen Baum legen. Das muss ich dann aber alleine tun."

Der Biber lächelte: „Ich habe für dich gesorgt und lasse dich nicht allein", und begleitete den Bären, der kaum noch Kraft hatte. Er stütze ihn und brachte ihn zur Brücke.

Der Bär war glücklich, als er die neue Baumbrücke sah. Er drückte den Biber an sich, und sie fühlten die Zuneigung und Liebe des anderen. Dieses Gefühl würde für immer bleiben.

Beide hatten keine Angst mehr, denn sie wussten, alles war richtig und gut. Dann wurde es Zeit, Abschied zu nehmen. „Du hast so viel für mich getan, Danke für alles", sagte der Bär. „Und du hast mir so viel gegeben", antwortete der Biber.

Er schaute dem Bären zu, wie dieser über die Baumstämme ging und in einer Höhle verschwand. Der Biber winkte ihm nach: „Leb wohl, mein Freund, irgendwann sehen wir uns wieder."

Auf dem Heimweg dachte der Biber viel nach, er war traurig, und das durfte er auch sein. Kleine Tränen kullerten über sein Gesicht.

Da begegnete ihm eine Biber-Freundin, der er alles erzählte. Er hatte in letzter Zeit so viel erlebt, und es kam ihm vor, als wäre er ein ganzes Stück gewachsen. Die Freundin nahm ihn in ihren Arm und tröstete ihn. Das tat dem Biber gut.

Auf der Durchreise

Irgendwann im letzten Jahrhundert besuchte
ein Tourist den polnischen Rabbi Hofetz Chaim.
Erstaunt sah er, dass der Rabbi nur in einem
einfachen Zimmer voller Bücher wohnte.
Das einzige Mobiliar außer dem Regal waren
ein Tisch und eine Bank.
„Rabbi, wo sind Ihre Möbel?" fragte der Tourist.
„Und wo sind Ihre?" entgegnete Hofetz.
„Meine? Aber ich bin nur zu Besuch hier.
Ich bin nur auf der Durchreise",
erwiderte der Tourist.
„Genau wie ich", sagte der Rabbi.

(unbekannt)

– KAPITEL 6 –

Verse und Bilder, die begleiten

Ein Engel auf der Reise

Still, seid leise,

es war ein Engel auf der Reise.

Er wollte ganz kurz bei euch sein,

warum er ging, weiß Gott allein.

Er kam von Gott, dort ist er wieder.

Sollte nicht auf unsre Erde nieder.

Ein Hauch nur bleibt von ihm zurück,

in eurem Herz ein großes Stück.

Er wird für immer bei euch sein,
vergesst ihn nicht, er war so klein.
Geht nun ein Wind an mildem Tag,
so denkt: Es war sein Flügelschlag.
Und wenn ihr fragt: Wo mag er sein?
So wisst: Engel sind niemals allein.
Er kann jetzt alle Farben seh'n,
und barfuß durch die Wolken geh'n.
Bestimmt lässt er sich hin und wieder
bei anderen Engelkindern nieder.
Und wenn ihr ihn auch sehr vermisst
und weint, weil er nicht bei euch ist,'
so denkt: Im Himmel, wo es ihn nun gibt,
erzählt er stolz: Ich werde geliebt!"

Unbekannt

Entscheidung

Wenn du dich entscheidest, den Weg der Liebe zu gehen, begrüßt du die Tränen des Abschieds. Du empfängst Hoffnungen, die sich nicht erfüllen werden. Du verabschiedest dich von Wünschen, die unvollendet bleiben.

Wenn du dich entscheidest, den Weg der Liebe zu gehen, lässt du jemanden seinen eigenen Weg und seine Richtung frei wählen, denn du kannst niemanden halten – jeder hat sein Ziel.

Wenn du dich entscheidest zu lieben, weißt du, dass es Zeiten gibt, die wehtun, aber nichts ist so wunderbar wie diese Liebe, und deshalb entscheidest du dich für diesen Weg.

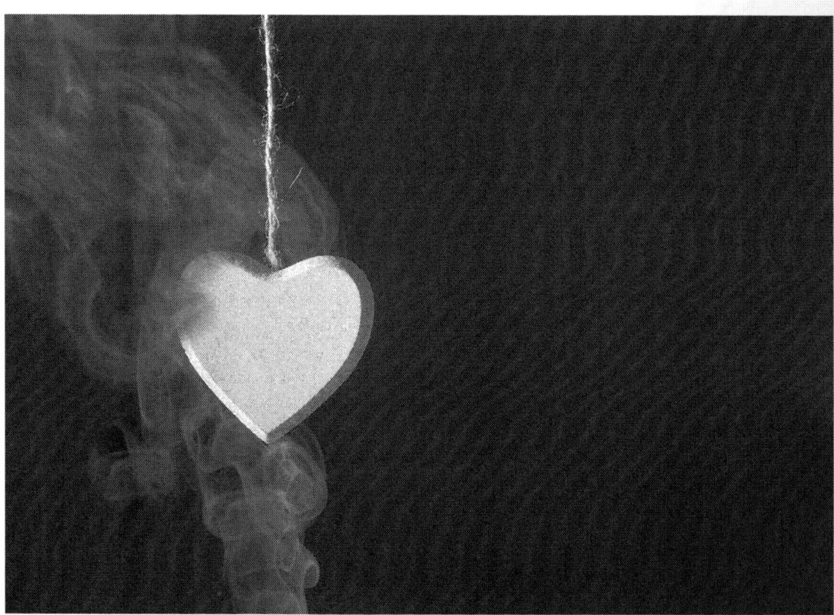

Traurigkeit

Ich bin die Traurigkeit und will dir helfen. Wenn ich ganz nah bin, kannst du dir selbst begegnen.

Ich helfe dir, ein Haus zu bauen, deine Wunden zu pflegen, dich zu stärken. deine Haut ist dünn, denn du bist traurig.

Oft bricht das Leid wieder auf wie eine schlecht verheilte Wunde. Das tut weh. Wenn du mich zulässt und Tränen weinst, können deine Wunden heilen.

Verstecke dich nicht hinter Aktivität, Lachen, Feiern oder einer dicken Haut. Weine, sei verzweifelt und trauere um das, was du gehen lassen musstest und vermisst. Ich schenke dir Kraft, Zuversicht und Hoffnung.

Ozean

Meine Wunde ist tief, tiefer als jeder Ozean.
Um an seinen Grund zu kommen,
muss ich sehr weit schwimmen
und noch tiefer tauchen. Unterwegs wird mir viel begegnen,
ich werde mir dabei viel anschauen,
annehmen, vergeben und loslassen.

Nur wenige Menschen sind wirklich lebendig.
Und die, die es sind, sterben nie.
Es zählt nicht, dass sie nicht mehr da sind.
Niemand, den man wirklich liebt, ist jemals tot.

(Ernest Hemingway)

Aus ganzer Seele leben

Wenn du aus ganzer Seele lebst,
dann versuchst du nicht,
dich gegen das Leid im Leben unempfindlich zu machen.
Noch wirst du durch die Grimmigkeit des Lebens
so überwältigt, dass dich Verzweiflung verschlingt.
Stattdessen blicke dem Schmerz ins Auge,
während du dich inmitten seiner beruhigst, tröstest und ermutigst.
Und dann lasse ihn dich verwandeln,
dich empfindsamer machen,
dich mit Mitgefühl erfüllen.
Wisse,
dass er dich später für tiefe Freude offen machen wird.
Wenn du aus deiner Seele heraus lebst,
bist du der Held deines eigenen Lebens.
Lege deine Energie und Intensität in das du-selbst-sein hinein.
Niemand anderer ist in der Lage,
das so vollkommen zu tun
wie du.

(VerfasserIn unbekannt)

Zuhause

Meine Trauer braucht ein Zuhause,
meine Trauer braucht eine Heimat,
es hilft mir, wenn ich weiß, wo sie wohnt und
wo ich sie antreffen kann.
Heimatlose Trauer verirrt sich,
wird zu einem unendlichen Schmerz, zu Leid ohne Ende,
führt in die Einsamkeit, in den wirklichen Tod.
Meine Trauer braucht eine Heimat und
manchmal ein Gegenüber, mit dem ich über den
Verlust sprechen kann,
meine Trauer braucht eine Heimat,
in der ich sie auch mal ganz alleine
zurücklassen kann, ohne Gewissensbisse,
wo ich mein Leben so leben kann, wie ich es möchte
und der Mensch sein darf, der ich bin.

Ich bin

Steh nicht weinend an meinem Grab,
ich bin nicht dort unten, ich schlafe nicht.
Ich bin tausend Winde, die weh'n,
ich bin das Glitzern der Sonne im Schnee,
ich bin das Sonnenlicht auf reifem Korn,
ich bin der sanfte Regen im Herbst.
Wenn du erwachst in der Morgenfrühe,
bin ich das schnelle Aufsteigen der Vögel
im kreisenden Flug.
Ich bin das sanfte Sternenlicht in der Nacht.
Steh nicht weinend an meinem Grab,
ich bin nicht dort unten, ich schlafe nicht.
Du kannst mich nur nicht mehr sehen, nicht mehr berühren.
Aber ich werde immer da sein, egal wo du bist.
Ich werde der Wind sein, der zärtlich durch dein Haar streicht -
der Regen, der sanft deine Haut berührt -
der Regenbogen am Horizont, der dir die schönsten Farben schenkt –
die Sonne, die dich wärmt und mit dir lacht –
der Duft von Sommer, den du einatmest –
die Erde, auf der du gehst –
die Nacht, in der ich für dich die Sterne erstrahlen lasse -
der Tag, der dir tausend Überraschungen bringt -
die Hoffnung, die dich trägt, wenn du traurig bist -

dieses Gefühl, was in dir ist, wenn du glücklich bist.

Du kannst mit mir reden, ich werde dich immer hören -

oder einfach weinen, dann nehme ich dich in meinen Arm und du wirst dich frei fühlen.

Ich werde über deinen Schlaf wachen und dir wundervolle Träume schenken.

Du brauchst keine Angst haben, du bist niemals allein,

weil ich immer da sein werde,

wenn du an mich denkst, so wie ich an dich denke!

(indigene Weisheit)

Was bleibt

Unsere Liebe, unsere Sehnsucht,

endlose Traurigkeit, unvergessliche Jahre,

kostbare Erinnerungen.

Die sich hier liebten,
werden sich drüben noch weit inniger lieben

und ohne irgendeine Spur von Furcht
noch einmal getrennt zu werden,

einander unendlich liebenswert bleiben.

(Augustinus)

Seelenvogel

Ich bin nur ein Kind, aber habe dir etwas zu sagen.

Ein Herz schlägt immer für dich, wenn du es brauchst.

Und wenn zu dir jemand was Gemeines sagt, ist dessen Seelenvogel traurig und alles tut ihm eigentlich weh, deswegen sei ihm nicht allzu böse und verzeihe ihm, denn er hat große Angst.

Wenn jemand stirbt, ist der Seelenvogel – auch deiner – auch erst traurig, weil er Abschied nehmen muss, aber der Seelenvogel deines Freundes fliegt zum lieben Gott und dort ist alles schön und gut. Dann freut er sich wieder und auch du darfst dich wieder freuen, denn wenn du in die Wolken schaust, kannst du deinen Freund manchmal sehen. Er passt auf dich auf und ist in deinem Herzen.

Zwei Seiten

Es gibt keine Liebe ohne Leiden,
denn jedes tiefe Gefühl hat auch immer zwei Seiten,
so wie alles im Leben.
Es gibt kein hell ohne dunkel und auch kein Leben ohne Sterben.

Zusammenspiel

Der Verstand sagt, was richtig ist,
das Herz das, was wichtig ist
und das Zusammenspiel gibt den Weg an,
der nicht immer geradlinig verläuft.

Wo kann ich mich festhalten?

Manchmal fühle ich mich nicht mehr,
bin ich gestorben, an dem Tag,
an dem du gingst,
bin ich gestorben, als Erfahrungen und
Erlebnisse mich geläutert haben und mich vor dem
endgültigen Tod geschützt haben oder
sterbe ich ein Leben lang,
um dann endlich zu leben?

Kein Zeichen, keine Antwort von dir,
ein Zustand, der droht, mich zu zerreißen.
Ist Gott die Treppe, das Geländer,
an dem ich mich festhalten kann?
Ich suche etwas, an dem ich mich
festhalten kann, das da ist, um mich
auf andere Gedanken zu bringen und
mich zur Freiheit führt.

Himmel und Erde

Wenn ich die Möglichkeit bekommen würde,
dich nur noch einmal zu sehen,
würde ich sie ergreifen, egal was es
für mich bedeuten würde.
Ich stehe fest auf der Erde und
blicke zum Himmel,
der mich tröstet und sehend macht.

Zeit

Es gibt Momente, da scheint die Zeit stehen zu bleiben
und alles ist plötzlich anders.
Zeit und Raum haben keine Bedeutung mehr,
eine andere Dimension ist geboren und
führt in die Unendlichkeit.

Zug des Lebens

Du bist auf eine Art und Weise bei mir, die ich nicht beschreiben kann.
Du lenkst meinen Zug des Lebens.
Ich bin weit gefahren und wusste manchmal
nicht, ob ich mein Ziel jemals erreichen werde.
Alles war undurchlässig.
Jetzt bin ich im Hier und Jetzt.
Jetzt weiß ich, wo ich hingehöre.

Loslassen

fällt unendlich schwer,
denn manchmal habe ich Angst,
dadurch deine Liebe zu verlieren.
Aber tief in meinem Herzen weiß ich,
dass alles, was ich loslasse,
zu mir zurückkehrt und von Anfang an tiefe Wurzeln hat.

Zart und kostbar

Die Liebe geht nicht verloren, sie geht ihren Weg,
denn sie ist so zart, so kostbar und
so einzigartig. Sie bereichert diese Welt.

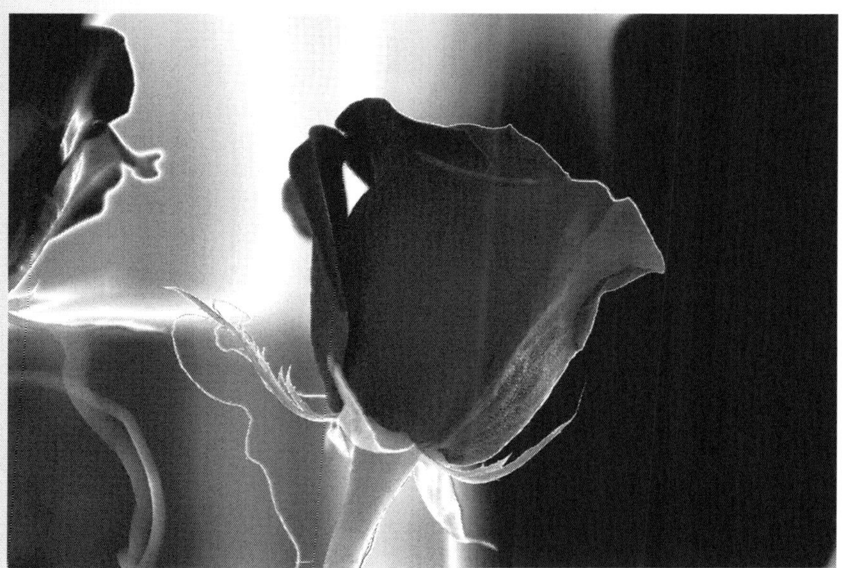

Ein Teil von dir

Meine Liebe ist ein Teil deiner Liebe,
mein Herz ist ein Teil deines Herzens,
meine Seele ist ein Teil deiner Seele,
wir sind aus einem Geist und einer Seelenfamilie
alles von uns fließt zusammen und ist eins.

Freude

Ich brauche das Lachen und die Freude, um zu leben,

genauso wie meine Trauer und mein Weinen.
Meine Tränen sind Perlen, die in einem großen Meer
der Liebe zu dir fließen.

Ich habe das Recht auf meine Trauer und mein Leben.

Es ist gut so wie es ist. Ich bin genau richtig. Du hast ein
Recht auf Deinen Frieden und dein Leben in der Ewigkeit.
Ich werde dich nie vergessen!

Ohne die Liebe ist alles nichts!

Hilfreiche Gedanken

Ich bin von euch gegangen,
für einen kurzen Augenblick und gar nicht weit.
Wenn ihr dahin kommt, wohin ich gegangen bin,
werdet ihr euch fragen, warum ihr geweint habt.

Laotse

Denn vor und nach dem irdischen Leben
gibt es kein irdisches, aber doch ein Leben.

Jan Paul

Was man tief in seinem Herzen besitzt,
das kann man nicht durch den Tod verlieren.

Johann Wolfgang von Goethe

Wenn ihr mich sucht,
sucht mich in euren Herzen.
Habe ich dort eine Bleibe gefunden,
werde ich immer bei euch sein.

Rainer Maria Rilke

Die Hoffnung ist wie ein Sonnenstrahl,
der in ein trauriges Herz dringt.
Öffne es weit und lass sie hinein.

Friedrich Hebbel

Mondnacht

Es war, als hätt der Himmel
die Erde still geküsst,
dass sie im Blütenschimmer
von ihm nun träumen müsst.

Die Luft ging durch die Felder,
die Ähren wogten sacht,
es rauschten leis die Wälder,
so sternklar war die Nacht.

Und meine Seele spannte
weit ihre Flügel aus,
flog durch die stillen Lande,
als flöge sie nach Haus.

(Joseph von Eichendorff)

Schlussstück

„Der Tod ist groß.
Wir sind die Seinen
lachenden Mundes.
Wenn wir uns mitten im Leben meinen,
wagt er zu weinen
mitten in uns."

(Rainer Maria Rilke)

– KAPITEL 7 –

Du schaffst das!

Platz für deine Trauer-Notizen

Es ist sinnvoll, mindestens einen Monat – aber natürlich auch darüber hinaus – dir sind keine Grenzen gesetzt – Notizen für sich selbst anzufertigen. Sicherlich erfährst du, wie hilfreich das für deine Trauerverarbeitung sein kann.

Worte wie:

Erleuchtung

Frieden

Freude/bedingungslose Liebe

Akzeptanz

Neutralität

Mut

Wut

Angst/Kummer

Schuldbewusstsein

Scham

(von unten nach oben zu betrachten – Emotionen-Skala nach Dr. David R. Hawkins)

sowie

Liebe,

Hoffnung,

Glaube,

Dankbarkeit,

Ängste,

Traurigkeit,

Sprachlosigkeit

Nähe – Distanz,

Sicherheit und Halt,

Geborgenheit

neue Wege,

Rituale,

Ausdruck/Kreativität

Motivation

Familie,

Vergangenheit,

Zukunft –

das Hier und Jetzt

sind sicherlich wichtige Begriffe dabei

Tränen zulassen
dankba**r** zurückschauen
losl**a**ssen können
miteinander verb**u**nden bleiben
einsam sein
Ve**r**änderung wagen
der Zuku**n**ft trauen!

Du bist unser Stern

Wenn ich in den Himmel schaue,
so denke ich an dich, du bist unser Stern.
Denn wie auch das Leuchten
der Sterne Millionen Jahre anhält,
so bleibt auch dein Leuchten in meinem Herzen
und es verlischt erst in dem Moment,
in dem wir uns wiedersehen!